McDo se met à table

Denis Hennequin
Jean-Pierre Petit
Philippe Labbé

McDo se met à table

LABOR IMPROBUS OMNIA VINCIT

PLON

ISBN : 2-259-19547-4

« La table que j'ai créée pour McDonald's est forte et massive comme la nourriture de McDonald's est nourrissante, sans excès, mais pas faite pour des appétits d'oiseau. A travers mes réalisations j'aime dresser des portraits. Pour moi cette table représente la chaleur, l'entrain, l'appétit et la joie de vivre de McDonald's [1]. »

Andrée PUTMAN

---

1. Déclaration faite à l'occasion de l'exposition « McDo vu par » (1999), et reprise avec l'aimable autorisation de l'auteur.

AVERTISSEMENT

Le Grand Méchant Mac

Nous ne sommes pas ce que nous sommes.

Nous ne sommes pas le fleuron de la restauration rapide de qualité et bon marché. Ce ne sont pas nos clients qui viennent manger chez nous, c'est nous qui les mangeons. Nous sommes le Grand Méchant Mac. Et José Bové, notre Chaperon rouge. Mais plus encore que cette image à croquer, nous représentons la malbouffe, la mondialisation, la pensée unique, l'Amérique. La liste de nos vilenies est sans fin et nous place sur le bûcher de l'Inquisition politico-médiatique où nous cuisons hachés menu avec nos steaks. Et le hamburger dans tout ça ? Lui, ça va, il est bon. Et tout le monde en mange. Nous en servons plus d'un million par jour.

Pour nos détracteurs, il ne s'agit pas de nourriture. Il s'agit de culture. C'est gentil pour nous. Mais remettons les choses à leur place. La restauration rapide est avant tout un service alors que la gastronomie est culturelle. Et même si la restauration rapide appuie son contenu sur les habitudes alimentaires de tel ou tel pays, elle reste anecdotique par rapport à la gastronomie.

Quant à pointer du doigt les mauvaises habitudes alimentaires des Américains dont McDonald's serait l'incarnation, notons que le *hamburger-french fries* n'est qu'une niche dans leurs habitudes alimentaires très diversifiées. Et ce fameux hamburger-frites n'est qu'une simple variante du menu enfant proposé par de nombreux restaurants français qui se compose généralement d'un steak haché-frites, alternant parfois avec des saucisses-frites. Mieux que chez McDo, vraiment ?

McDo n'est pas non plus un ogre animé par George Orwell. McDo, c'est d'abord un Petit Poucet qui a longtemps semé avant de grandir et de s'affirmer dans le concept de la restauration rapide. Rome ne s'est pas faite en un jour. McDonald's est devenu un géant, c'est vrai. Et, pour tenir, un géant a besoin d'assises solides. Le développement et la pérennité d'une entreprise reposent sur des fondations profondes. C'est certain, nous sommes une entreprise carénée, ce qui rassure nos franchisés, nos clients et nos employés.

Identifiable et populaire, McDonald's est devenu, au fil des années, un minuscule carrefour des peuples où chacun se reconnaît. Des centaines de Russes ont fait la queue toute la nuit, lors de la première ouverture du McDonald's de Moscou. Pourquoi ? Parce qu'ils avaient l'impression de pénétrer dans une espèce de modernité bon enfant et un univers ludique, enfin à portée de leur bourse. Une modernité bon enfant et un univers ludique qui n'étaient ni un symbole ni un leurre mais une réalité. Les Russes pouvaient enfin faire comme tout le monde, et, de temps en temps, c'est très agréable de faire comme tout le monde.

Même si nous avons les dents longues, nous ne sommes pas des requins. Même si nous nous investissons dans des actions caritatives de grande ampleur, nous ne sommes pas une entreprise philanthropique. Nous sommes et nous restons des commerçants planétaires en préservant les spécificités nationales et identitaires de chacun. Gros pourvoyeurs d'emplois, nous tenons une place importante dans l'activité économique et sociale des pays où nous sommes implantés. Notre ambition n'est pas d'être le fer à penser de la planète. Alors remettons le hamburger à sa place : sur le gril.

Pour autant, tout n'est pas rose chez McDonald's. Nous avons nos faiblesses et nos difficultés. Nous le savons, et cet ouvrage est là pour en débattre. Le Grand Méchant Mac n'a pas que du flair, de grandes oreilles et de grandes dents, il a aussi du jugement. Mais McDo n'est pas un conte de fées : il n'y a pas de vilains, et les gentils y sont ordinaires. Et si les steaks hachés se transformaient en Princes charmants, ça se saurait.

Avant-propos

Ce livre n'est ni une opération de promotion, ni un plaidoyer *pro domo*, mais une réponse claire et factuelle aux critiques répétées dont nous faisons l'objet. Longtemps nous nous sommes réfugiés dans le silence : les chiens aboient, la caravane passe. Mais en communiquant peu, nous avons laissé à nos détracteurs tout le champ nécessaire pour déposer ces mines de contrevérités, de désinformation tous azimuts qui tiennent en trois points répétés, rabâchés, ressassés : la malbouffe, la mondialisation et l'exploitation sociale.

Notre silence a généré du fantasme et permis de diaboliser l'enseigne. Le point d'orgue de cette diabolisation fut la mort de l'une de nos jeunes employées, tuée dans un attentat terroriste en Bretagne, en avril 2000. Nous avions atteint la limite du supportable. De l'opacité longtemps entretenue, nous sommes passés à la transparence revendiquée.

Concernant nos mauvaises habitudes alimentaires, il semble que les Français n'aient pas attendu l'implantation de l'enseigne américaine pour ne pas se préoccuper de la gastronomie durant leurs pauses déjeuner. McDonald's vend ce que n'importe quel épicier vend dans son échoppe : de la viande hachée surgelée, du pain sous vide, des pommes de terre, de la salade, du lait, du Coca-Cola, du jus d'orange... Doit-on pour autant accuser le commerçant d'encourager la malbouffe parce qu'il offre aussi sur ses linéaires des chips, des cacahuètes salées, des friandises en barre, de la pizza surgelée... diététiquement incorrects ?

Accuse-t-on Chinois, Japonais et Italiens de vouloir uniformiser les goûts à leur sauce devant la déferlante de leurs produits ? Les vingt mille restaurants chinois en Italie n'ont jamais été considérés comme une menace pour la culture italienne. Pourquoi le guacamole serait-il moins dangereux que le hamburger ? Et le sushi plus chic ? Quid du Panini et du kebab ? Notre petit pain rond est mou ? Mais qui se plaint du pain parfois insipide servi à table dans les bistrots de France et de Navarre ?

Laissons répondre Me Jacques Tajan qui commente dans *L'Optimiste* [1] un déjeuner surprise chez McDonald's en Picardie : « ... *Les frites étaient excellentes, la viande avait une très bonne saveur, la cuisson demandée scrupuleusement respectée, quant au prix pour un repas sain et complet, il était exactement le sixième de celui d'un restaurant où un mois auparavant j'avais laissé sur le coin de mon assiette un magret épais, dur et archicuit, immangeable, sur lequel mes dents renoncèrent à se casser.* »

Quant au « démontage » du McDo de Millau, comme l'a si élégamment qualifié José Bové, ce n'était rien d'autre qu'un saccage monté comme une opération publicitaire pour un homme qui n'était connu jusqu'alors que de sa famille, de ses amis, et des services de police. Et ne peut-on pas s'étonner, comme le fait Jean-François Revel [2], « *de voir des esprits de gauche préconiser et justifier des méthodes fascistes et trouver*

1. Editorial de Me Tajan, *L'Optimiste*, 3e trimestre 1999.
2. *Les Plats de saison*, Seuil.

légitime que des minorités violentes enfreignent les lois, terrorisent les citoyens qui ne sont pas de leur avis et mettent leurs biens à sac » ?

Sensible à la critique et consciente que, dans sa grande visibilité, l'enseigne se doit d'être un modèle, notre politique sociale, qui prête souvent à reproches, a radicalement changé. Aujourd'hui, nous avons conclu avec l'ensemble des partenaires sociaux des accords de branche qui nous permettent de pratiquer une politique de gestion sociale constructive. A propos d'une affaire récente de vol dans un de nos restaurants parisiens, abondamment relatée dans la presse parisienne en ce début d'année, nous laissons à la justice le soin de trancher et de reconnaître notre bon droit. La loi et le droit syndical s'imposent à tous, y compris à McDonald's.

Dialogue et ouverture restent notre manière de poursuivre l'effort à la fois avec nos équipes mais aussi avec les représentations syndicales.

Contrairement aux idées reçues, McDonald's est l'inverse de la mondialisation : McDo ne délocalise pas ses entreprises mais génère de l'emploi et de la production *in situ*, soit cinq cents emplois à plein temps chaque année. Ce protectionnisme qui peut paraître paradoxal pour une enseigne américaine semble avoir échappé à nos détracteurs : l'antimondialisation, c'est nous.

Cette localisation se joue dans la langue du pays où elle s'exerce. La direction de McDonald's France est française, nos salariés et franchisés sont 100 % français. Nos produits sont à 99 % européens dont 77 % d'origine française. Seules les graines de sésame du petit pain rond sont importées du Mexique.

Il est curieux de faire de McDonald's l'emblème du profit à tout prix, quand un simple hamburger coûte moins d'un euro. A qui profite le Big Mac ? Aux cadres, aux chefs d'entreprise, aux Rothschild ? Tout le monde vient chez McDonald's, mais notre clientèle est majoritairement issue d'un corps social plus modeste, et nous la respectons en lui offrant la qualité et la sécurité, produit et accueil.

Nos actionnaires, principalement américains, sont pragmatiques. Nous sommes libres de gérer les hommes et les investissements « à la française » si la rentabilité est au rendez-vous. Notre chiffre d'affaires en France est de 1,83 milliard d'euros aujourd'hui, contre 38,11 millions d'euros il y a vingt ans. Les seuls primats imposés sont : la qualité, la sécurité, la propreté et le calibrage du Big Mac. Pour le reste : variété des menus, décoration des restaurants où l'exception française joue à fond, gestion sociale, cela relève de l'identité nationale de chaque pays et de ses lois. Cette politique d'adaptation globale est vraie partout dans le monde. En Inde, où la consommation du bœuf est proscrite, il n'existe pas de Big Mac mais un Maharaja Mac à base d'agneau. En Indonésie, on trouve des œufs et du riz, ingrédients de base de la nourriture locale, et au Japon c'est la soupe de blé qui reste la plus populaire. En France, nous faisons des festivals fromage, des sauces à la française, nous créons un croque-monsieur à la façon McDo, le Croque McDo, et nous proposons des viennoiseries au petit déjeuner et au goûter. S'agit-il de poudre aux yeux ? de produits français pris en otage et dénaturés ? d'ingérence alimentaire ? Une pâtisserie chez McDonald's serait-elle plus suspecte que celle du boulanger ?

Notre souci de transparence est allé jusqu'à organiser des journées portes ouvertes [1] dans plus de quatre cents McDonald's de France, afin que les consommateurs puissent nous juger sur pièce. Il n'est pas utile de démonter un McDo pour savoir ce qu'il se passe à l'intérieur.

Nos clients pouvaient aussi bien visiter notre arrière-cour, de la cuisine aux frigos, que discuter avec l'ensemble des salariés et le franchisé qui leur ouvrait la porte. Appréhender par eux-mêmes les conditions de travail et l'outil de travail lui-même.

Alors ?

Les cuisines sont propres, l'hygiène respectée, le personnel souriant sans effort. Mais nos produits ? Notre viande serait du soja, nos frites pas des pommes de terre, notre huile à la graisse de bœuf... Nous avons donc demandé aux fournisseurs de McDonald's de montrer aussi leurs coulisses durant une semaine à tous les quidams qui le désiraient. EB Boulangerie Française qui fabrique nos pains à Fleury-Mérogis, McKey qui fournit nos steaks hachés à Fleury-les-Aubrais près d'Orléans, et l'usine de frites McCain à Harnes en Picardie. Il restait à visiter notre siège

1. Du 25 mars au 5 avril 2001.

social à Guyancourt et nos deux agences de communication : TBWA et Euro RSCG Corporate. Au terme de ce passage en coulisses, les consommateurs étaient rassurés. Nous n'étions ni tour de Babel, ni Big Brother.

Il arrive que la vérité se cache derrière une feuille de vigne.

Mais les fantasmes ont la vie dure. Et il n'est pire sourd que celui qui ne veut entendre. Ce livre n'est pas un coup de pub mais une mise au point. McDo est bon marché, de bonne qualité, 100 % français, générateur d'emplois et d'insertion, et qui a su faire sa révolution syndicale au point d'être aujourd'hui en pointe dans les accords avec les partenaires sociaux. Il fallait que cette réalité soit clairement énoncée, de façon aussi large que possible, grâce à cet ouvrage. Nous n'obligeons personne à venir chez nous, et ce livre n'a pas été écrit pour faire changer d'avis les réfractaires à McDonald's.

Ce livre doit également rendre hommage à tous ceux qui œuvrent, anonymes, à l'ensemble du corps McDo, et leur redonner un peu de la reconnaissance qu'ils méritent.

Le hamburger citoyen

Depuis l'époque pionnière des années 70, où McDonald's France était dirigé essentiellement par des Américains, nous avons accompli un virage à 180° sur le plan de notre gestion sociale.

Nous avons signé en 1988 la première convention collective concernant la restauration rapide en France. Passer de l'homme de Cro-Magnon à l'homo citoyen ne s'est pas fait en un jour mais en dix ans. Il ne sert à rien d'être le meilleur sur le plan commercial si nous ne le sommes pas sur le plan social.

En 1996, nous nous sommes mis à table avec tous les syndicats avec lesquels nous négocions aujourd'hui tous les accords et avenants de la branche professionnelle. Nous sommes passés du *casus belli* à une bienveillante neutralité.

Nous ne sommes pas des « social killers ». Dans une enquête d'opinion réalisée en 2000 auprès de dix mille salariés de notre enseigne, 81 % ont déclaré que, « *si un de leurs amis souhaitait travailler dans leur restaurant McDonald's, ils l'encourageraient* ». 92 % ont assuré « *être traités sans discrimination de sexe ou de race* », et 88 % « *avec respect par l'équipe d'encadrement* ». Ceux qui laissent entendre que l'exploitation est un mode de gestion sociale et que le contrat précaire est la norme chez McDonald's ne sont pas simplement dans le faux, ils sont ridicules. Car il est ridicule d'imaginer que l'on puisse obtenir de salariés traités à la hussarde la convivialité et le service que nos clients attendent.

La gestion des ressources humaines est au centre de nos réflexions pour faire évoluer l'entreprise. Quel management pour la société de demain ? Et quelle sera la société de demain ? Comment nous y adapterons-nous ? Nous préférons anticiper des changements parfois radicaux de la société et les aspirations des salariés plutôt que de les accompagner. Prendre un train en marche, c'est risquer de rester accroché au marchepied et de tomber. Mais nous avons l'augure modeste. Nous ne lisons pas dans le Coca.

La première difficulté propre à l'ensemble de la restauration traditionnelle ou rapide, ce sont les contraintes horaires et le temps séquencé (matin, midi et soir), sept jours sur sept. La deuxième est la demande de réactivité des employés aux heures de pointe. La troisième est la relation au client qui génère un certain nombre d'obligations s'appuyant sur la discipline et la rigueur. Trois composantes qui engendrent du stress. Quelles solutions pouvons-nous apporter chez McDo ?

D'abord, améliorer le cadre de travail et les conditions de confort pour chaque salarié. L'ergonomie de nos équipements est devenue une question importante. Des tables de travail à bonne hauteur, des piles de plateaux qui se relèvent automatiquement, des aires de stockage reconfigurées pour faciliter la manutention des approvisionnements, l'automatisation du filtrage des huiles, sont autant de simplifications apportées au travail de l'équipier. Et les plans de nos bâtiments intègrent année après année des améliorations : une salle de repos plus grande ici, une fenêtre supplémentaire là, un guichet de « drive » mieux étudié, etc.

Et puis nous développons l'esprit d'équipe où le terme d'équipier trouve son origine et son sens. Une équipe bien soudée et formée à toutes les situations fait face aux « coups de bourre » bien mieux que des individus isolés en rupture avec le groupe.

Mais plus que tout, l'équilibre entre la vie professionnelle et personnelle de nos salariés est devenu une préoccupation essentielle. Nous tentons de compenser l'élasticité des horaires en creux et en crête par la flexibilité dans l'aménagement du temps de travail, notamment grâce aux lois Aubry.

Depuis 1999, nos salariés à plein temps bénéficient de l'application des 35 heures dans tous nos restaurants, quelle que soit leur importance. Il nous semble utile de rappeler que, dans la restauration traditionnelle, les 35 heures ne seront généralisées que dans cinq ans ! Et par exemple nous avons adopté la semaine des quatre jours de travail et trois jours de congé successifs ou non dans près de la moitié de nos établissements, juste équilibre entre les besoins de l'entreprise et les aspirations au temps libre de chaque employé. Cet équilibre entre travail et temps libre assouplit les relations entre tous les membres du personnel.

Quant à nos salariés à temps partiel qui, rappelons-le, sont dans plus de 90 % des cas des employés bénéficiant de CDI (Contrat à Durée Indéterminée) et qui représentent 80 % du corps salarial, nous avons œuvré pour qu'ils bénéficient de la même souplesse afin de mieux gérer leur quotidien : les plages horaires de travail sont convenues à l'embauche ; les plannings de travail affichés dix jours avant le début de la semaine ; les jours de repos fixés au contrat de travail ou connus six semaines avant ; ajoutons qu'aucun contrat ne peut être inférieur à 20 heures par semaine, sauf demande expresse du salarié.

En outre, entre novembre 1999 et novembre 2001, les salariés à temps partiel qui, eux, n'ont pas bénéficié de la réduction du temps de travail, ont vu leur rémunération augmenter de 11,4 %.

Pour Amadou, dix-huit ans, équipier au McDo des Champs-Elysées : « *Travailler 100 heures par mois, c'est mon choix, ça me permet de poursuivre mes études en même temps.* » Pour Martine, quarante ans, qui travaille aux Gobelins à Paris et dont c'est le premier emploi : « *Je tra-*

vaille 87 heures par mois. Je préfère le temps partiel pour m'occuper de mon fils qui a treize ans. Pour moi, McDo a été une opportunité formidable. Sans qualification, quarante ans, personne ne voulait m'embaucher. Eux si. S'ils veulent me garder, je reste ! »

Nos accords sur les 35 heures n'ont pas toujours été applaudis des deux mains par l'ensemble de nos franchisés qui ont parfois eu des difficultés à les mettre en œuvre. Certains, surtout ceux qui ne gèrent qu'un ou deux restaurants, les ont considérés comme une pénalité financière supplémentaire à la bonne marche de leur entreprise. Nos deux cent cinquante franchisés sont des entrepreneurs indépendants qui connaissent les problèmes de toutes les petites entreprises. La RTT (Réduction du Temps de Travail) a néanmoins été appliquée partout et par tous, et a généré environ mille emplois supplémentaires dont plus d'un tiers à temps plein.

N'oublions pas un régime de prévoyance qui couvre les risques d'invalidité et de décès, une mutuelle, un fonds d'action sociale pour les salariés rencontrant des difficultés particulières et, bien sûr, des stages de formation. Rappelons à toutes fins utiles que le Président de McDonald's France, Denis Hennequin, une maîtrise de droit en poche, a démarré sa carrière chez McDonald's comme stagiaire manager, derrière le comptoir, pour une poignée de frites. Ça se passe aussi comme ça chez McDonald's.

Nos employés sont jeunes, à l'image de notre clientèle, avec les qualités et les défauts inhérents à cet « état provisoire », selon la formule de Gaston Defferre. Il arrive que de jeunes managers se montrent trop durs ou seulement maladroits avec les employés qu'ils encadrent : « *Comment avoir une gestion sociale au carré quand les directeurs de restaurant ont le même âge que les équipiers ?* » s'inquiète Patrice Ruspini, franchisé dans le Val-d'Oise à Montigny, la ville de Robert Hue. Alertés sur les dérapages possibles, nous avons décidé de former nos équipes à tous les échelons de la hiérarchie pour qu'ils se produisent le moins souvent possible. Nous ne sommes pas sourds aux revendications et aux plaintes des salariés parfois en trop petit nombre dans des structures qui en demanderaient davantage. Délégués syndicaux, représentants des salariés, nous informent de leurs éventuelles mauvaises conditions de travail, et nous nous montrons très réactifs. L'équipe des ressources humaines pratique des audits sociaux dans tous nos restaurants une fois par an.

Pour inaugurer cette ère du hamburger citoyen, nous présidons le SNARR [1] depuis 1996. Cette position nous permet d'appliquer à McDonald's et aux autres enseignes de la restauration rapide des accords sociaux collectifs négociés. Une enseigne aussi visible que la nôtre doit s'ériger en modèle. Une bonne gestion commerciale de l'enseigne implique une bonne gestion sociale de l'individu. Sinon elle capote.

Les critiques sont souvent constructives, et les critiques nous ont fait évoluer. En revanche, la désinformation tue l'outil de travail. Aujourd'hui, l'ensemble des syndicats reconnaît le travail accompli et s'érige contre les mauvais procès qui nous sont intentés : « McDonald's go

1. Syndicat National de l'Alimentation et de la Restauration Rapide.

home ? » Renvoyer McDo dans ses pénates US, c'est sacrifier net 34 000 emplois. Plutôt être chômeur que travailler chez McDo ? Est-ce que la disparition de l'enseigne McDonald's ouvrira un nouveau créneau porteur permettant d'embaucher 34 000 salariés d'un coup, dans de meilleures conditions de travail ?

Que l'on dénigre les emplois chez McDo est pour le moins paradoxal dans un pays où, lorsqu'un grand groupe industriel licencie massivement, on voit le peuple entier se lever comme un seul homme et « la politique de l'emploi » reprendre la vedette. McDo crée chaque année environ 2 500 emplois dont 500 à temps plein et 2 000 à temps partiel. McDo est pour beaucoup, c'est vrai, un passage. Mais plus qu'un passage, c'est un tremplin où l'équipier, qu'il soit étudiant ou qu'il débute dans la vie professionnelle, acquiert des compétences utiles dans toute entreprise de service qui demain peut-être l'emploiera. Mais plus d'un tiers de nos employés font aussi carrière chez nous. Car nous leur donnons la formation qui les fera évoluer. Ainsi, deux tiers de notre encadrement a commencé sa carrière à temps partiel, au bas de l'échelle.

Rudy, trente-deux ans, manager du McDo

Virgin sur les Champs-Elysées : « *Je suis entré chez McDo comme simple équipier il y a dix ans après des études de gestion. Ici, si on fait ses preuves, ça suit derrière, on prend du galon.* »

L'attrait des enseignes concurrentes est indéniablement un frein à l'embauche. Les habitudes alimentaires des Français évoluant rapidement, la croissance de la restauration rapide a dépassé 20 % en 2000, et l'offre salariale s'est s'élargie, même si, selon les jeunes, « *McDo c'est la seule enseigne qui nous ouvre les portes et nous embauche rapidement* ». Amin, dix-neuf ans, premier emploi au McDo des Champs-Elysées.

Nous devons faire face aujourd'hui à une évolution profonde de la société française. Le salarié est plus exigeant, et le client aussi. Notre vulnérabilité s'explique par des raisons propres aux métiers de services. Mais, bien plus que d'autres secteurs, nous souffrons de notre réputation de pénibilité et de faible rémunération. Nous exerçons une activité normée à l'épreuve de la répétition et de la rapidité d'exécution, dans des conditions parfois éprouvantes : chaleur, odeurs de friture, chassés-croisés entre les équipiers. Aux heures de pointe, l'ensemble des employés doit fonctionner comme un corps de ballet à la chorégraphie impeccable.

Jean-François Coudray, franchisé d'un McDonald's à Aurillac, dans le Cantal, s'inquiète de l'évolution des mentalités en matière d'emploi : « *La vie personnelle a pris le pas sur la vie professionnelle. Bon nombre de jeunes qui arrivent sur le marché du travail pensent avoir des droits, mais aucun devoir envers l'entreprise qui les emploie. Retards, absences et départs précipités sont devenus la norme, et nous sommes pris en otage par le système d'un " je-m'en-foutisme " généralisé. Nous leur offrons un premier emploi, mais revers de la médaille, ils n'ont aucun critère de comparaison. A peine embauchés, ils trouvent le travail pénible et contraignant, horaires, discipline, etc. Ils partent voir ailleurs si l'herbe est plus verte. Et sans qualification, c'est rarement le cas.*

« *Je crois qu'il est aussi important aujourd'hui de redonner de la valeur au travail et d'arrêter de faire " fun " : tutoiement obligatoire, etc. Remettons le travail à sa place, non pas sur la table pour faire des claquettes, mais derrière le comptoir.* »

Nous avons conscience que nous subissons les prémices d'une difficulté durable, dont nous devons anticiper l'évolution, en étant percutants au niveau de la gestion sociale, de l'insertion, de la formation et de la valorisation du travail.

Et, ni dieu ni diable, nous avançons.

Black, blanc, beur, chez McDo

Black, blanc, beur, jaune... nous, on connaît depuis longtemps. La mondialisation se fait dans nos restaurants où nous pratiquons le métissage. Dans les grande villes, de l'équipier au directeur de restaurant, plus d'un tiers de nos employés sont issus de l'immigration. « *Ils sont en position de faiblesse et McDo en profite* », s'insurgent nos détracteurs. « *Pas du tout* », répond Avoka, trente-deux ans, assistant-manager du restaurant des Champs-Elysées à Paris : « *Il y a sept ans, j'avais un doctorat de lettres et de civilisation étrangère en poche et je n'ai rien trouvé en sortant de la fac. Je travaillais déjà chez McDo pour financer mes études, alors j'y suis resté. J'ai toujours travaillé sur les Champs-Elysées, le travail y est plus dense, du coup on ne s'ennuie jamais et on apprend très vite parce qu'on tourne sur tous les postes. J'ai gravi les échelons, et j'espère un jour travailler au siège de l'enseigne, dans la formation.* »

Des centaines de milliers de jeunes sans qualification, souvent issus de familles déstructurées par le chômage ou des conditions de vie difficiles, arrivent ou arriveront demain sur le marché du travail. Les secteurs du service et du commerce où sont créés l'essentiel des emplois en France sont seuls susceptibles de les accueillir car l'industrie se délocalise, offrant principalement des emplois hautement qualifiés.

De ce point de vue, McDo est une solution que l'on confond avec un problème. Le devoir d'insertion est une spécificité McDonald's. « *En s'implantant dans les banlieues, McDo donne du travail à des jeunes qui n'en trouveraient pas autrement, et fait du social, même sans texte* », confirme le secrétaire fédéral du syndicat Force ouvrière. Nous ne sommes pas Zorro, mais notre implantation dans les quartiers réputés sensibles l'impose de droit. Nous ne pratiquons pas l'apartheid socio-ethnique, bien au contraire. Tout le monde peut travailler et réussir chez McDonald's. Amin : « *Tous les jeunes qui travaillent ici sont des jeunes qui veulent réussir.*

Si je peux faire ma carrière chez McDo, je n'hésiterai pas. Ce sont les seuls qui m'ont permis de sortir de la banlieue. »

Si nous sommes facteurs d'intégration, c'est parce que ces jeunes représentent aussi une large partie de notre clientèle. Ce qui ne va pas sans quelques grincements de dents de ceux qui nous accusent d'attirer « *la racaille* » dans leur quartier. Mais, chez nous, il est naturel qu'ils passent du statut de clients à celui d'employés, sans discrimination de race, de sexe, de diplôme ni de localisation.

Nous donnons leur chance à de jeunes exclus du système scolaire et social qui n'auraient pas eu la possibilité de s'insérer dans le monde du travail autrement. Majoritairement, ils restent chez nous et progressent. Il existe beaucoup de directeurs d'enseigne dans des zones réputées sensibles qui ont débuté comme simples équipiers. Leur passage chez McDo crédibilise aussi leur expérience professionnelle et leur permet de rebondir auprès d'autres employeurs potentiels. Selon un sondage Sofres, 77 % d'entre eux ont trouvé un emploi dans le mois qui a suivi leur départ parce que nous avons la réputation d'être des employeurs rigoureux.

Bien sûr, nous devons faire face, dans ce contexte à risques, à des agressions verbales, à des actes de vandalisme répétés... Mais les tensions se traitent au coup par coup, en douceur. Les managers et les directeurs issus du même tissu social gèrent mieux que quiconque les crises et les phénomènes de bande. « *A chaque dégradation, nous réagissons en effaçant les dégâts immédiatement. Évoluer dans un environnement intègre incite moins au vandalisme systématique. Le McDo c'est un peu leur QG, leur cocon, ils n'ont pas envie systématiquement de le salir ou le démolir* », déclare Pierre Bailleul, franchisé et à la tête d'un grand nombre de restaurants dans les quartiers sensibles de la banlieue parisienne. Présent à Pierrefitte, Sarcelles, Aubervilliers, La Courneuve, Saint-Denis Basilique, Saint-Denis République et Saint-Denis Stade de France, il a transformé un véritable challenge en succès. Sa jeune directrice du McDo Stade de France, Rabia Aouni, a démarré comme simple équipière et mène avec excellence la dernière enseigne, après avoir dirigé celle de Sarcelles. Son ambition : être au siège pour s'occuper de formation ou de marketing. Pourquoi pas ?

Faudel, vingt-quatre ans, manager d'une équipe de quinze salariés et qui a débuté comme équipier il y a trois ans : « *McDo est l'une des rares entreprises à donner leur chance aux jeunes d'origine étrangère et à leur permettre de faire carrière.* »

Il arrive que des employés dont c'est la première expérience ne se sentent pas faits pour les métiers de la restauration rapide et le déclarent. Djamel : « *C'est du dépannage. Je ne ferai jamais ma carrière ici.* » Chahnez, dix-neuf ans, McDo Champs-Elysées : « *McDo ça m'a surtout donné envie de reprendre mes études pour ne pas y rester. Il y a des équipes dures et des clients plus durs encore. La paie, ce n'est pas terrible. Le travail est toujours le même et ça fait un an que je suis là. On ne tourne pas assez sur les postes. Quand je reprendrai mes études, je reviendrai y travailler les week-ends.* »

Avec l'aide d'associations pour l'insertion des jeunes avec lesquelles nous travaillons en partenariat [1], et particulièrement l'ANPE, il nous arrive de devoir former certains de nos employés qui ont délaissé très tôt les bancs de l'école et se sont enfermés dans un langage de ghetto à faible lisibilité, de les aider à acquérir des « compétences sociales » et à sortir du champ de l'exclusion en réapprenant de simples gestes comme arriver à l'heure, se raser, dire « bonjour », « merci », mais aussi travailler en équipe, prendre des responsabilités, faire face à un client... bref, les bases nécessaires à tous les métiers de services. C'est par l'apprentissage du métier qu'ils s'inséreront dans la société.

L'un de nos franchisés, Patrick Becquart, est installé à Lille, dans le faubourg de Béthune, en zone franche, et travaille en étroite collaboration avec FACE [2] Lille-Métropole dont il est vice-président. Il a créé avec Carrefour et cette fon-

---

1. FAS (Fonds d'Action Sociale pour les travailleurs immigrés et leurs familles), ACESS (Action Culturelle contre les Exclusions et les Ségrégations), AASET (Association d'Aide à la Scolarisation des Enfants Tsiganes), etc

2. Fondation Agir Contre l'Exclusion. Créée par Martine Aubry, FACE est un partenaire privilégié de McDonald's dans plusieurs villes de France.

dation un Groupement d'employeurs pour l'insertion et la qualification qui forme les jeunes pendant sept mois en contrat de qualification et qui débouche sur un diplôme de caissier reconnu par la grande distribution. « *Nous travaillons avec quelques équipiers difficiles pour lesquels la notion de travail reste floue et fluctuante. Ceci semble, au premier abord, quelque peu normal puisqu'ils n'ont alors pas de repère, McDonalds étant leur premier employeur. Il nous faut faire face aux retards, à l'absentéisme, et il nous faut leur apprendre aussi bien le savoir-être que le savoir-faire. En revanche, d'autres profitent de ce passage qualifiant pour rebondir sur de nouveaux projets ou pour financer des études qui leur assureront un meilleur avenir.* » La gestion des hommes et des jeunes en particulier, et plus encore des jeunes en difficulté, est un challenge qu'il n'est pas toujours aisé de relever.

Si nous n'avons pas le culte du diplôme, en revanche la formation est primordiale pour ceux qui désirent évoluer chez nous. Et cette formation, qui est aussi de terrain, commence à la base. On ne s'improvise pas employé en cuisine ou au service !

Dans chaque restaurant, accompagnés de formateurs, les nouveaux sont d'abord formés au respect des règles de sécurité et de sécurité alimentaire, après quoi ils découvrent différents postes de travail sur une base d'apprentissage de trois postes par période de trente jours.

Pour certains ce sera là le point de départ d'une carrière ! Dans ce cas, si les premières étapes de leur parcours se font sur le terrain, ils entrent alors dans un cursus de formation professionnelle commun à tous, très balisé et jalonné de sessions de formation d'une semaine dans notre centre de Guyancourt, dans les Yvelines, qui accueille deux mille cinq cents stagiaires par an. Ainsi, il faudra quatre sessions pour avoir la possibilité d'accéder au poste de directeur.

Tout cela constitue un enseignement qui balaie l'ensemble des aspects de la restauration rapide *in situ* : hygiène, sécurité, opérations du restaurant, droit social, animation et motivation des équipes. Une formation qui accompagne en permanence l'évolution du salarié.

Nous privilégions aussi la formation en alternance qui est chez nous une réalité. Nous avons développé un partenariat avec l'AFPA (Association de Formation Professionnelle pour les Adultes) qui délivre un diplôme de technicien supérieur option restauration rapide. Mais nous voulons aller plus loin et obtenir la reconnaissance de nos formations par des écoles ou universités, et négocier avec les syndicats de la profession de véritables certificats de qualification professionnelle.

McDo est à la dure école de la réalité sociale d'aujourd'hui, à cheval entre un devoir d'insertion, d'éducation, et le souci du travail bien fait. Et si nous n'avons pas toutes les vertus, nous n'avons pas non plus tous les vices.

Malbouffe toi-même !

Si, comme l'affirmait Eugène Briffault en 1846, « *La cuisine d'un peuple est le seul témoin exact de sa civilisation* », que penser des gens qui dans le monde entier ne mangent pas ?

Ils s'y sont tous cassé les dents, non pas sur le Mac mais à vouloir démontrer que notre hamburger n'était que gras à lard. Il existe des normes légales. Les normes exigent que le steak haché ne contienne pas plus de 20 % de matières grasses, et nous les respectons. Nous pourrions nous contenter de 5 %, à condition de graisser nos grils avec de l'huile ou du beurre au moment de la cuisson. Mais qu'adviendrait-il de la saveur et du fondant de la viande saisie sur le gril sans adjonction de graisse ? D'ailleurs, *quid* de la rillette ? Ou d'un bon saucisson au comptoir ? Ou du brie coulant ? Dans certains produits, il n'y a que le gras et la crème que l'on honore. Qui persifle sur une entrecôte persillée et le foie gras ? Plus que nos hamburgers, c'est notre succès économique qui provoque des aigreurs et une mauvaise digestion.

Par syllogisme, on pourrait dire que tout ce qui n'est pas cher n'est pas bon, et comme le McDo n'est pas cher, il n'est pas bon. Et voilà l'horreur gastronomique ! La dialectique de la malbouffe est à plusieurs tiroirs. Diététique, gustative et non homologuée « terroir ». La malbouffe est sournoise et impérialiste. Suivez mon regard. Elle vise à l'uniformisation du goût. C'est-à-dire du mauvais goût. Voire du pas-de-goût-du-tout. Elle vide la tête et remplit le corps. Elle crée des obèses idiots. Et idiots avant d'être obèses. En fait, elle crée des Américains. Le contraire du Français type : raffiné, cultivé, gourmet, élancé et élégant. Pour peu qu'on ne lui enlève pas son béret, pour s'apercevoir qu'il est chauve et ressemble à Bidochon. Sa baguette, il la brandit comme un sabre. Tandis que notre pain rond, il ne fait même pas le poids d'une boule de pétanque. Une référence. Ceux qui s'adonnent à la malbouffe ne le font donc pas exprès, puisqu'ils y sont contraints. Quand un client pénètre chez McDo, ça ne se voit pas, mais en fait il y est poussé par un Américain. Un Américain, c'est une sorte de virus implacable dont le seul antidote aujourd'hui reconnu sur le sol français s'appelle José Bové.

« *Non*, répond Marc Meneau [1], *les responsables de la " malbouffe " ce ne sont ni les industriels, ni les paysans, ni les restaurateurs, ni les Américains. Ça commence par la famille. L'éducation alimentaire se fait à la maison. Le consommateur est seul responsable de ce qu'il mange. Il ne veut pas payer cher ses produits, mais ce " pas cher " a quand même son prix : celui du goût disparu avec l'aseptisation d'un produit de masse, sanitairement sûr, mais sans saveur.* »

Analysons maintenant la malbouffe dans le détail, et commençons par l'aspect diététique. Le steak haché en lui-même, viande à pot-au-feu composée de muscles, de type collier, gîte

1. Chef du restaurant L'Espérance.

ou paleron. Et laissons parler *Le Vrai Journal* de Karl Zéro [1] qui nous a pistés de l'intérieur, avec l'appui d'analyses chimiques [2] : teneur en matière grasse, humidité, protides et collagène ; humidité du produit dégraissé ; collagène sur protides. Résultats, c'est l'humidité qui fait le plus de poids, c'est-à-dire l'eau. Le gras, lui, file doux. Et les protides maintiennent la forme. Le collagène, on le trouve dans l'enveloppe musculaire. En clair, la teneur en matières grasses est comprise entre 16 % et 20 %, et celle en protéines autour de 25 %, « entre jambon et saucisson ». Conclusion, un produit respectable.

Traquons la face cachée de la calorie : un jambon-beurre apporte 240 calories pour 100 grammes, contre 242 pour un Big Mac, fromage [3], salade, sauce et condiments inclus. Le petit pain rond n'est pas plus calorique que la

1. 6 janvier 2001.

2. Par les laboratoires de chimie et d'histologie du Centre technique de la salaison, de la charcuterie et des conserves de viande, à la Maison vétérinaire de Maisons-Alfort.

3. Cheddar fondu.

tranche de pain qui sert à éponger la sauce au poivre dans son assiette, mais souvent plus frais. Et on ne le ressert pas rassis en croûton, frotté d'ail, pour accompagner la soupe de poissons servie sur la jolie nappe à carreaux rouges et blancs du bistrot d'à côté. Chez nous, aucun hamburger ne survit plus de quelques minutes à son élaboration. Manger, ou éliminer.

Passons aux frites, appelées « french fries » dans les pays anglo-saxons. Spécialité belgo-française, personne n'attaque les frites. Même nos antis. Mais nous confirmons que la consommation abusive de frites est mauvaise pour le régime. Nous servons aussi des « potatoes », entre la frite et la pomme de terre sautée, spécialement conçues pour le goût des Français, et dont nous exportons la recette aujourd'hui dans d'autres pays du monde.

Et, pour comparer ce qui est comparable, un menu brasserie lambda — un steak-frites, un morceau de coulommiers, un morceau de pain et une bière — est quasiment égal en calories à un menu « standard » McDonald's, un Big Mac, une moyenne potatoes, un chausson aux pommes et une bière : environ 1 000 calories.

Une étude réalisée par une nutritionniste,

Patricia Martin, pour l'hôpital Edouard-Herriot de Lyon, démontrait que la cuisine des grands restaurants était bien plus grasse — et source d'obésité et de cholestérol — que celle des fast-food. 2 550 calories en moyenne chez les grands [1] contre 890 chez Quick ou McDo.

« *L'impérialisme planétaire triomphant de la pizza,* écrit le sociologue Claude Fischler dans *Libération* [2], *laisse les zélateurs du " bien manger chez nous " impassibles. On ne sache pas pourtant qu'en termes nutritionnels, pour ne pas parler de gastronomie, il y ait une quelconque supériorité de la pizza sainte nitouche sur le Malin hamburger. Derrière nos jugements nutritionnels, il y a des jugements culinaires, et derrière ceux-ci, des jugements moraux.* »

En effet, la notion très émergente de « nutrition » a bon dos pour stigmatiser le McDo. Aucun nutritionniste n'a jamais été engagé dans

---

1. La Tour Rose à Lyon, Pic à Valence, La Pyramide à Vienne, Alain Chapel à Mionnay, l'Auberge de l'Eridan près d'Annecy, Georges Blanc à Vonnas et les Troigros à Roanne.

2. 17 avril 1999.

un restaurant, sauf en thalassothérapie ou dans des centres de diététique médicale. La restauration traditionnelle se paye des chefs. La restauration rapide s'offre des concepteurs de menus. Mais chez McDonald's nous nous appuyons aussi sur des nutritionnistes et des chercheurs pour garantir la qualité aussi bien gustative que nutritionnelle de nos produits. Ce n'est pas pour autant de la gastronomie, et ça n'a jamais prétendu l'être. Nous ne courons pas dans la même catégorie. Nos clients le savent. Les journalistes aussi. Nous vendons un produit de grande consommation dont la qualité est formatée. Avec un savoir-faire reconnu, et en toute sécurité. Ce calibrage d'un bout à l'autre de la planète est rassurant : le steak d'un hamburger pèse 45 grammes, celui d'un Royal Cheese 113 grammes, le pain du Big Mac pèse 74 grammes pour 6 centimètres de hauteur et 9,6 centimètres de diamètre. La preuve par neuf pour le réalisateur Patrice Leconte : « *Je passe beaucoup de temps à comparer les vertus respectives des McDo à travers le monde, à voir par exemple si les Chicken McNuggets de Tokyo égalent ceux du Caire. Récemment encore j'ai testé ceux d'Istanbul et je peux assurer qu'ils sont à la hauteur*[1]. »

Le reste est une affaire de goût, de coût et de liberté.

Nous n'obligeons personne à venir chez nous. D'ailleurs, malgré le million de gens qui fréquentent nos établissements chaque jour en France — et qui ne sont pas des imbéciles lobotomisés contrairement à ce que supposent nos détracteurs — nous ne représentons que 3,2 % de la restauration hors foyer, et 10 % des 615 millions de sandwiches engloutis pendant l'année 2000.

Citons pour le plaisir l'un de nos plus ardents contradicteurs dont nous sommes le fonds de commerce récurrent, Paul Ariès, sociologue de son état, et auteur de nombreux ouvrages nous concernant[2]. Preuve que McDo nourrit son

1. « McDonald's en France », brochure institutionnelle de McDonald's France, p. 20.

2. *Les Fils de McDo, la McDonalisation du Monde*, L'Harmattan, Paris, 1997, et *Petit Manuel anti-McDo à l'usage des petits et des grands*, aux éditions du Golias, 1999.

homme. Sa rhétorique nous fait sourire, mais sa constance à nous combattre nous oblige.

Il écrit, concernant le goût : « *Pourquoi les Français aiment-ils les huîtres, et les Écossais la panse de brebis farcie ? C'est à cause de leur identité.*

« *La culture nous différencie, mais aussi nous rapproche. L'intérêt pour nous de la cuisine chinoise, c'est bien son étrangeté. Et comment vendre des milliards de hamburgers tous identiques si ce n'est en tapant au-dessous de la culture, en visant les sensations basiques ? McDo recherche systématiquement les sensations organoleptiques les plus simples (le craquant, le croustillant, le sucré, le salé, le mou, etc.). Il invente le palais reptilien. McDo n'est, pour cette raison, pas plus américain que chinois ou martien, McDo est en rupture avec les traditions culinaires des diverses communautés. Il s'agit d'un système, d'une philosophie globalisée. Le hamburger, c'est la bouffe unique de la pensée unique, celle des êtres interchangeables. L'enfant est le client type car il n'a pas encore beaucoup appris. Il n'est pas très cultivé. McDo veut réveiller l'enfant qui dort en chaque adulte, nous faire régresser.* » Et ça marche !

L'indigence ronflante de ce discours nous permet d'affirmer qu'une absorption massive de McDo en serait la cause. Il serait indigeste pour le lecteur de démonter point par point cette argumentation, et il saura le faire tout seul. Signalons juste pour le principe qu'il existe des Français qui n'aiment pas les huîtres et y sont même allergiques. Que les restaurants chinois abondent sur notre territoire. Que des milliards de nems se déversent chaque jour sur la planète *à l'identique*. Mais aussi, pour exemples, que la baguette est croustillante, la tarte Tatin sucrée, les rognons mous, l'anchoïade salée, etc. Bref.

Après avoir traité le consommateur de rampant, puis un peu plus loin de pantin, Paul Ariès s'attaque à nos employés : « *L'équipier est lui aussi infantilisé. Recruté très jeune, il n'a qu'à sourire bêtement : les machines pensent pour lui. Il n'apprend pas un métier, il est mal payé, mais qu'est-ce qu'on l'aime ! Dans la team, on se tutoie, on se fait la bise, on s'appelle par son prénom, on sort ensemble en boîte. Il peut même parfois obtenir des étoiles et avoir sa photo comme équipier du mois. Ce management affectif est un leurre. Il ajoute la disqualification à la déqualification.* »

Des cerveaux essorés comme la salade. Selon Ariès, le groupe infantilise l'individu et le place en position de faiblesse. Cette réflexion est relayée par le groupe libertaire A Contre Courant qui déclare [1] : « *Le bonheur McDo est non seulement obligatoire, mais il doit s'exhiber réglementairement. En quelque sorte, c'est une forme particulière de prostitution et de viol de l'intériorité.* »

Et pour ajouter la tartufferie aux mensonges, « Cachez ce sein que je ne saurais voir... » : « *McDo sait que, si on cherche quelque chose de commun entre tous les humains, le rapport au sein, ce n'est pas si mal, surtout dans le domaine alimentaire (allaitement). Les psy disent que l'homme serait toujours à la recherche de ce sein perdu. Le hamburger est conçu pour évoquer ce sein maternel : sa boîte qu'on ouvre en deux volets, sa forme, sa texture, sa tiédeur, le fait qu'on le prenne à la main, qu'on le porte directement à la bouche, etc. Il est cet objet perdu.* »

1. Dans le magazine *Silence, écologie, alternatives, non-violence*, 18 août 1999.

Nous ne sommes pas « terroir », terme largement utilisé dans l'écologie marketing chic et une industrie agro-alimentaire en quête de respectabilité. Le rendement fait peur, mais le terroir fait vendre. Le « terroir » est l'une des valeurs sûres d'une sémantique coulée dans le moule des avatars publicitaires chargés de faire plier la réalité sous les mots. Mots tordus, inventés, réinventés et imprimés sur un « packaging » *ad hoc*. C'est une entreprise de totale suggestion. Les produits du terroir s'assimilent à des produits manufacturés français et de type traditionnel, « selon un savoir-faire authentique et à l'ancienne » — c'est marqué sur l'étiquette —, même s'ils sont fabriqués industriellement. Les linéaires des hypermarchés en sont remplis, côtoyant une autre valeur sûre : le bio. Bio et terroir, c'est encore mieux. Valeur ajoutée à une autre valeur ajoutée, ces produits-là coûtent aussi très cher. C'est du linéaire haut de gamme.

« *Rien n'est plus difficile à réussir que la cuisine dite de terroir*, écrit Jean-François Revel [1],

1. *Les Plats de saison*, *op. cit.*

car elle varie du tout au tout selon qu'elle est exécutée ou non avec finesse et avec des ingrédients de première qualité. » Mais il ajoute un peu plus loin, en connaisseur : « *Les paladins du " terroir " français, qui sont allés bomber le torse à Seattle, l'ont depuis longtemps anéanti, ce malheureux terroir.* » Cela se pourrait.

Néanmoins, le « terroir » est-il utile à la survie du hamburger ?

Nous sommes un peu « terroir » parce que nos produits sont issus de l'agriculture et de l'élevage français. Mais nous laissons à d'autres et à leur savoir-faire l'élaboration de préparations typiquement « terroir ». Le sandwich au beurre et sardines écrasés de Colette, le pan-bagnat niçois, le mixte jambon-fromage, etc. Nous avons préféré accessoiriser nos propositions culinaires. Sauce moutarde, Croque McDo, potatoes, saveurs des régions, viennoiseries. Nous avons même essayé le vin, en vain. Pinard rime avec terroir ? Notre clientèle l'a boudé. Et particulièrement notre clientèle familiale et jeune. S'offrir du « terroir » n'est pas à la portée de toutes les bourses, et parler de « terroir » en termes de gastronomie à un jeune des cités, c'est prêcher dans le désert de son « territoire urbain », seul terroir qu'il connaisse. Le journaliste Philippe Alexandre[1] enfonce le clou : « *Les McDo accueillent des enfants, des jeunes, des consommateurs aux revenus modestes qui ne veulent pas ou ne peuvent pas fréquenter des établissements gastronomiques.* » Nous sommes d'accord.

Exit le vin restait le fromage, l'autre mamelle de la France des saveurs. Avec la saga des fromages, nous avons introduit différents fromages français dans la préparation des sauces de nos hamburgers. Faire entrer le fromage chez McDo, c'était le faire connaître à une clientèle jeune qui n'a pas encore le goût formé à ses différentes variétés, et dont la culture, en la matière, se limite au gruyère râpé.

Jean-Jacques Bret, directeur du Comité interprofessionnel du gruyère de Comté qui est la plus grosse AOC du territoire avec une production de quarante mille tonnes par an, s'est montré l'un de nos partenaires les plus enthousiastes : « *McDo a respecté notre produit dans son entité et son intégrité, et il a très bien su communiquer*

---

1. *Le Bien public*, 9 septembre 1999.

dessus. Ma fille qui a dix-huit ans trouvait génial que le comté entre chez McDo. »

Malbouffe, sale bouffe. Comme la sale guerre. De quel droit peut-on utiliser un terme aussi insultant, diffamatoire et discriminatoire envers une enseigne et ses clients ? Beaucoup de nos concitoyens se sont dressés pour prendre la parole et s'élever contre cette dictature des beaux esprits qui ne se régalent apparemment que d'ortolans et de caviar. Mais suffit-il d'être grande gueule pour se croire fine gueule ?

Cette indignation, l'ancien ministre et maire d'Amboise Bernard Debré la partage avec nous [1] : « *Après la pensée unique en politique et en économie, voici maintenant que la pensée unique culinaire nous est imposée ! ... Vais-je devoir dans quelques années accepter des inspections obligatoires de mon réfrigérateur ? Voici donc venu le temps du totalitarisme alimentaire, exécrable et dangereux. ... Je n'ai pas mangé de McDo depuis des années, j'ai décidé d'y aller*

1. *Libération*, 18 septembre 1999.

symboliquement ces prochains jours pour montrer mon exigence de liberté. »

Le Pr Bernard Debré défend le principe de liberté lui permettant de choisir ses nourritures terrestres et spirituelles, et hisse sa réflexion à une hauteur politique et philosophique. L'animatrice de télévision Christine Bravo revendique haut et fort le droit d'aimer le McDo et d'y emmener ses enfants fêter leur anniversaire. Et quand l'animateur-humoriste Laurent Ruquier fait son « coming out » sur McDo, c'est forcément drôle [1] : « *Oui, moi j'adore ça, bouffer quand j'en ai envie chez McDo ! ... J'aime ça les hamburgers triple étage, que même les bouches de Béatrice Dalle et Julia Roberts réunies ne peuvent pas avaler d'un seul coup ! ... Je revendique donc le droit de pouvoir me sustenter dans n'importe quel fast-food, sans risquer de périr dans un attentat à l'explosif perpétré par des autonomistes bretons qui ont décidé de faire sauter des hamburgers, plutôt que de continuer à le faire avec des crêpes !* » Un attentat, faut-il le rappeler, qui a tué une employée : le prix du « terroir » à payer.

---

1. *M Magazine* n° 29, août 2000.

Adieu veaux, vaches et cochons

Au printemps 1996, le grand public découvre avec horreur que le gouvernement britannique a décrété l'état d'urgence. Un programme de recherche est lancé pour découvrir le lien possible entre la maladie humaine de Creutzfeld-Jakob et la maladie de la vache folle ou Encéphalite Spongiforme Bovine (ESB). Depuis cette date, les Américains refusent les dons de sang britannique et de toute personne ayant vécu en Grande-Bretagne après 1980 [1]. Mais l'ESB ne s'est pas arrêtée aux portes de l'Angleterre. La France enregistre aussi des cas d'infection par le prion. Certains scientifiques parlent maintenant

1. *La Bouffe d'égout*, de F. Perucca et G. Pouradier, Ramsay, Paris, 1999.

d'épidémie et nous déclarent que le pire reste à venir.

L'homme a fait la bête, et la bête tue l'homme.

Adieu veaux, vaches, cochons... Entre 1996 et 1997, les Chinois abattent un million et demi de volailles contaminées par le virus de la grippe du poulet, mortel pour l'homme. Aux Pays-Bas, onze millions de cochons passent de vie à trépas pour cause de fièvre porcine et sont immédiatement retirés de la chaîne alimentaire. Tandis que les Belges découvrent le poulet à la dioxine et les Bretons leurs nappes phréatiques empoisonnées par le lisier porcin, la listeria et la salmonelle prolifèrent dans la charcuterie et les produits laitiers.

L'arrivée dans les ports français de soja et de maïs classiques mélangés à des plantes génétiquement modifiées a continué de semer la panique.

Lors du Salon de l'agriculture de 1997, la présentation au public de la brebis Dolly, premier mammifère cloné issu d'une cellule prélevée sur l'organisme d'une brebis adulte, a fini de choquer l'opinion.

Pourtant, les Français trouvent normal de consommer des tomates toute l'année et des fraises en décembre. Personne ne s'étonne non plus que les vaches laitières donnent aujourd'hui deux fois plus de lait qu'en 1950 et que la production de blé augmente chaque année d'un quintal par hectare. Ce productivisme forcené est davantage la conséquence d'une politique agricole qui a depuis longtemps perdu ses objectifs, c'est-à-dire répondre aux besoins de l'accroissement démographique de la population. L'offre est devenue horizontale. Les pays riches veulent des produits en quantité, variés, de qualité et à moindre coût, au risque de devenir les apprentis sorciers d'une machine à produire devenue folle.

Il apparaît aujourd'hui urgent de proposer une nouvelle éthique dans la gestion des sols et des animaux. Marier l'agriculture et la protection de l'environnement. Faire de l'écologie agricole. Tracer enfin la ligne au-delà de laquelle nous n'irons pas.

Chez McDonald's, nous avons mis en avant la qualité et la sécurité de nos produits. C'est un travail d'équipe que nous menons en partenariat avec des fournisseurs capables de répondre à nos exigences de qualité.

L'enseigne travaille aujourd'hui avec le monde agricole et ses fournisseurs sur l'élaboration d'un socle commun de qualité établissant les fondations de bonnes pratiques pour l'ensemble des filières d'approvisionnement : pour le bœuf, par exemple, il s'agira de savoir précisément ce que les animaux ont mangé, comment ils ont été traités sur le plan santé et bien-être...

Les fameuses règles d'hygiène, de qualité, de sécurité alimentaire que nous imposons à tous : employés, franchisés et fournisseurs, peuvent apparaître aux yeux de certains comme la fin de l'individualité, mais d'autres y voient la garantie d'une sécurité et d'une qualité égales dans tous les McDo du monde.

Cette politique de précaution, outre les fournisseurs, concerne aussi l'ensemble de nos restaurants qui sont contrôlés régulièrement et souvent à l'improviste. Les conseillers d'exploitation notent la qualité du service jusqu'à l'état des chambres froides, en passant par la propreté de la friteuse. Les franchisés, eux, financent de faux clients, goûteurs délégués pour juger de la qualité des produits et de la propreté de la salle.

Ce n'est peut-être pas « cool », mais dans le strict respect de la loi, c'est efficace. Nous protégeons avant tout nos clients. Savoir que la température au cœur d'un hamburger s'élève au moins à 69° en fin de cuisson, qu'il pleuve ou qu'il vente, pour que toutes les bactéries soient détruites et que les qualités gustatives soient conservées, c'est plutôt rassurant.

Nous n'avons pas attendu l'alerte à la vache folle pour imposer le principe du traçage chez nos fournisseurs. Dès 1995, nos directives étaient claires. Et depuis 1996, McKey, notre fournisseur principal de steak haché, demande à un organisme indépendant certifié, SGS-ICS [1], de passer au crible toute la chaîne de production, des abattoirs aux ateliers de découpe, jusqu'au restaurant. Soit plus de 700 000 têtes de bétail, nécessaires aux 500 millions de steaks hachés consommés par 365 millions de clients par an. La viande provient essentiellement de morceaux avant du bœuf, viande à pot-au-feu ou bourguignon, permettant d'obtenir un mélange

1. Société Générale de Surveillance. International Certification Services.

équilibré entre viande grasse et viande maigre. L'arrière de la viande, lui, est plutôt réservé aux filets et aux rôtis. C'est grâce au Cheeseburger que vous pouvez consommer votre filet béarnaise à un prix raisonnable, car sans de tels débouchés sur les morceaux à bouillir, les morceaux à griller seraient beaucoup plus chers.

Grâce aux techniques performantes de traçabilité, nous connaissons l'origine exacte de toutes les bêtes dont sont issues nos viandes. Aucune bête ne peut sortir d'une ferme ou d'un abattoir sans être identifiée. Dès leur arrivée à l'usine en containers, les pièces de bœuf sont analysées par prélèvements dans le laboratoire interne de recherche bactériologique où neuf personnes se relaient sept jours sur sept. Le moindre lot suspect est immédiatement retiré. L'un ouvre les cartons sans toucher à la viande, le second manipule la viande sans toucher aux cartons. Ces pièces de viande ne sont que des morceaux entiers découpés conformément à la réglementation. Pas de petites coupes, pas de morceaux de gras, pas de pièces proches des abats, pas de matériaux à risque. Dans ce contexte, qui dit mieux !

En l'espace d'une petite heure, les larges morceaux de viande sont transformés en steaks hachés et surgelés en moins de quatre minutes par un système très performant qui permet d'en conserver toutes les qualités gustatives.

Chaque opérateur porte un masque sur le visage, une charlotte sur la tête et des gants de chirurgien aux mains.

La méthode que nous appliquons, inspirée des procédures de la NASA, s'appelle HACCP (Hazards Analysis Critical Control Points). Pas très terroir, sans doute, mais sécuritaire. Elle permet en amont d'identifier les risques, de les notifier par écrit et de les corriger à chaque étape, et jour après jour, sur toute la chaîne de production de n'importe quel secteur, viande, pommes de terre, salade, petits pains, etc. Une méthode qui permet de détecter le problème à la source, et qui est reprise par le manager du restaurant pour garantir une hygiène absolue à ses clients. Il passe chaque jour plus de quatre-vingts points de contrôle en revue. Ce n'est pas vraiment du pilotage à vue. Mais comme disent les jeunes aujourd'hui : « C'est clair ! »

Cette avance sur la réglementation a permis à McDonald's, durant la crise de la dioxine par exemple, de démontrer que les poulets servis dans nos restaurants n'avaient pas consommé d'aliments contaminés. Et pour éviter les risques de contamination par salmonelles, les œufs proposés au petit déjeuner sont précuits chez le fournisseur.

McCain, notre fournisseur principal de frites, a signé avec trois cent quarante cultivateurs français de pommes de terre un contrat à l'année avec un cahier des charges où ces derniers s'engagent notamment à utiliser avec modération les engrais et insecticides, et uniquement si c'est nécessaire. En échange, McCain assure à ces cultivateurs des prix fixes qui neutralisent les sauts en élastique de leurs revenus annuels.

Il est évident que nous avons les moyens de faire de la restauration qui allie la qualité à la sécurité, à l'échelle planétaire. Pour être cohérents, nous appliquons cette politique jusqu'à la protection de l'environnement. En dehors de la nourriture, nous recyclons tout ce qui peut l'être. Protéger l'environnement, c'est s'inscrire dans la durée, construire une dynamique stable et rassurante pour la société et l'enseigne. Depuis dix ans, nous nous sommes engagés à combattre les nuisances que nous générons, tant au niveau de la chaîne de production que de l'exploitation de chaque restaurant. Et en 1995 nous avons reçu le Trophée Environnement Entreprise décerné par le ministère de l'Environnement.

En bref, nous utilisons du papier recyclé pour tous nos documents (sauf ce livre), et nous avons introduit des matières recyclables dans nos emballages. Emballages que nous avons considérablement réduits, voire supprimés quand cela était possible, ou remplacés par des matériaux en dur. Par exemple, des containers en inox rechargeables sont en train de remplacer les poches en plastique contenant le sirop entrant dans la composition du Coca. Le résultat est net. En trois ans, en France, nous avons économisé plus de 5 000 tonnes de papier, 290 tonnes de plastique et 200 tonnes de carton. Chaque restaurant possède des équipements adaptés pour maîtriser sa dépense d'énergie — eau, électricité — qui a diminué, depuis son installation en 1995, de 6 %. Pour combattre nos nuisances olfactives et sonores, nous nous sommes équipés, grâce à des entreprises spécialisées et en partenariat avec le ministère de l'Environnement, de systèmes et d'équipements expérimentaux performants nous permettant d'en réduire considérablement les effets. Nous trions une grande partie des déchets en cuisine, et 100 % de nos huiles de friture et résidus de graisse sont collectés et valorisés. Il restait à lutter contre les déchets extérieurs, emballages, gobelets et canettes vides laissés dans la rue... A défaut d'avoir encore pu trouver des collecteurs agréés sur l'ensemble du territoire, ce sont nos équipiers qui sont en charge de les ramasser. Nous avons installé systématiquement des poubelles à l'extérieur de chaque établissement dans un périmètre très large, mais ce n'est pas suffisamment dissuasif. Les Français n'ont pas le réflexe très citoyen concernant leurs propres déchets qu'ils abandonnent volontiers sur place, même si un vide-ordures est à deux pas.

L'un des reproches qui nous sont adressés, c'est d'attirer avec notre enseigne trop de « sauvageons » — merci pour eux — et du papier gras. Parfois nous nous sentons bien seuls. Quels restaurants se soucient de protéger leur environnement immédiat des déchets qu'ils génèrent ? Seuls les rats qui prospèrent à proximité de certaines poubelles pourraient répondre à cette question.

Une histoire prise en sandwich

Les Etats-Unis sont un conglomérat de peuples qui ont emporté leurs cuisines avec eux sur le sol américain. Il n'existe pas un pays au monde où l'on rencontre une plus grande diversité dans la façon de se nourrir. La cuisine est, à l'image de l'Amérique du Nord, traversée par son histoire, son peuple et ses communautés. S'y côtoient le meilleur et le pire. L'Amérique, c'est aussi un pays de pionniers, de gens pauvres ou persécutés, persécuteurs aussi, qui, arrivés sur leur Terre promise, ont mis des décennies à labourer des terres en friche. Il ne suffisait pas de découvrir l'Amérique pour devenir riche. Le travail était rude et les poches souvent vides. Les nourritures se devaient d'être simples et solides. Pays de grandes cultures et d'élevage, de fermiers et de cow-boys. Parfois les uns contre les autres. L'Amérique c'est le bœuf et le bison. C'est la viande rouge, le T-bone, le barbe-Q. Peut-être est-ce là la seule tradition culinaire commune aux Américains du Nord et à ceux du Sud.

Le plus savoureux, c'est que le steak haché entre deux morceaux de pain n'est pas une invention américaine, pas plus que le sandwich dont il est une variante ou le casse-croûte, commun à tous « les travailleurs du monde ». Aujourd'hui on ne prépare plus soi-même son casse-croûte, on le fait préparer. Ainsi est né le concept de restauration rapide, dans une société post-industrielle de services. Quoique... D'après Alfred Fierro [1], l'apparition de la gastronomie comme celle de la restauration sur le pouce seraient post-révolutionnaires. Les cuisiniers des aristocrates guillotinés ou émigrés se reconvertissent,

1. Archiviste-paléographe. Conservateur de la Bibliothèque nationale de 1965 à 1988. Il travaille aujourd'hui à la Bibliothèque historique de la Ville de Paris. Auteur notamment de *Histoire et Dictionnaire de Paris*, Robert Laffont, Paris, 1996, et *Les Mystères de l'histoire de Paris*, Parigramme, Paris, 2000.

surtout à Paris, « *beaucoup de gens malaisés et surtout nécessiteux, domestiques sans emploi, rentiers ruinés, etc., tentaient d'apaiser leur faim et leur soif à peu de frais auprès de cuisinières installées en plein air ou dans des cantines abritées sous des auvents improvisés* ».

Quant au sandwich, il serait la création de l'Anglais John Montagu, comte de Sandwich quatrième du nom et Premier lord de l'Amirauté (1718-1792). Le sieur Sandwich était un joueur invétéré que l'on voyait davantage autour du tapis vert que sur un bateau. Il avait d'ailleurs une réputation d'officier exécrable. Le *Dictionnaire bibliographique* de Chambers affirme que « *son incompétence contribua à la défaite britannique lors de la guerre d'Indépendance américaine* ». Or ce comte, qui refusait de quitter la table de jeu même lorsqu'il mourait de faim, avait l'habitude de se faire apporter par son cuisinier une tranche de viande entre deux morceaux de pain. Ainsi serait né le sandwich, en 1762. Un sandwich ancêtre du hamburger. D'un Anglais ennemi de l'Amérique. Le sandwich est devenu une tradition anglaise, à partir de laquelle les Américains ont construit des gratte-ciel dont le plus célèbre est le Club à plusieurs étages.

La France ne découvre le sandwich qu'au début du XIXe siècle. Dans son *Almanach des Gourmands* de 1806, Grimod de La Reynière fournit le mode d'emploi d'un pique-nique pour une « *partie de campagne, érotique et gourmande* ». Au menu, « *une fricassée de quelques bons poulets gras qu'on met dans un pain* », mais aussi bœuf, dindon, lièvre, jambon, pâtés, perdreaux, cailles, tourte, salade, fromages et toutes sortes de desserts, le tout arrosé de vins secs et doux, ainsi que de liqueurs. Dans *A la recherche du temps perdu*, Marcel Proust évoque ces « *sandwiches au chester et à la salade, nourriture ignorante et nouvelle* », sur laquelle il n'avait « *rien à dire* ». Raymond Queneau l'incorpore dans son dictionnaire personnel et en fait un « *sandouich* ».

Qu'est-ce qu'un sandwich ? Une nourriture portable. Facile à transporter et immédiate à manger. Consistante aussi. Elle est la nourriture du travailleur de force, du pique-niqueur musard, de l'aventurier rompu à l'effort. Elle est la nourriture de l'homme moderne en marche, comme elle libère la main du joueur.

L'émergence institutionnelle de la restauration rapide arrive avec le développement de la journée continue, du travail des femmes, et l'émancipation des adolescents dans la société de l'après-guerre. On entre dans l'ère de la robotisation et du service. La société high-tech et ses nouveaux instruments qui facilitent la vie, réduisent les temps de préparation des repas, de cuisson, du ménage, etc. L'histoire de McDonald's, c'est ça, l'apparition de techniques modernes dans des habitudes ancestrales. On fait du prêt-à-manger comme du prêt-à-porter, avec des tailles standardisées.

La saga McDonald's démarre à la fin des années 50 et surfe sur la mode des *drive-in*. La bonne idée au bon moment. Fabriquer en grand nombre un produit calibré de bonne qualité à moindre coût, servi en quelques minutes, à emporter sans sortir de sa voiture, qui plaît aux jeunes et aux familles. C'est l'histoire de Ford, trente ans plus tard. Sur une idée des frères McDonald's et avec le savoir-faire d'un visionnaire de génie, Ray Kroc, l'enseigne est franchisée avec un cahier des charges très strict, et devient mondiale. La réussite de McDonald's, ce n'est pas le hamburger, mais son système de franchise.

Si les frères McDonald avaient préféré la pizza au hamburger, McDo serait aujourd'hui le roi de la pizza. Et la pizza vouée aux gémonies des antimondialistes. La pizza napolitaine qui est aujourd'hui le plus beau fleuron de la mondialisation, sans que des gastronomes bien élevés ni les antimondialistes ne s'en offensent.

Laissons à Jean Yanne le mot de la fin : « *J'entendais râler les rois du roquefort et les supermen du foie gras parce qu'il y a des fast-foods... Il vaudrait mieux qu'il y ait un développement considérable de McDo dans le monde, même si ce n'est pas gentil, au moins il y aurait de quoi bouffer...* » Mais si, on est gentil.

La nature a horreur du vide

Revenons un instant sur la mondialisation dont McDonald's serait l'emblème.

Le terme de mondialisation dans la bouche de nos détracteurs est un arbre à trois branches. La branche américanisation. La branche uniformisation. La branche exploitation de la main-d'œuvre, c'est-à-dire la lutte des classes.

Les deux premières branches sont à leurs yeux jumelles. L'Amérique, une et indivisible, veut absorber le reste du monde. Et certains ont trouvé dans cette rhétorique la justification des actes terroristes du 11 septembre 2001. L'Amérique voudrait régenter le monde, de Microsoft à McDonald's, mais lorsque les antimondialisation vont porter la bonne parole aux quatre coins du monde, ne font-ils pas de leur prosélytisme une autre forme de mondialisation idéologique et comportementale ? Comme l'a fait remarquer le journaliste Pierre Beylau dans *Le Point* au lendemain du G8 à Gênes [1] : « *Paradoxe : les pourfendeurs de la mondialisation sont eux-mêmes très mondialisés.* »

Quant à l'uniformisation, nous n'avons pas attendu McDo en France pour faire manger du steak haché à nos enfants, et des frites. Mais dans uniformisation, il y a aussi pensée unique. Or, chacun profère une pensée unique. Au nom de cette uniformisation, notre exégète Paul Ariès [2], aussitôt relayé par José Bové, nous assimilait à l'Église de scientologie. Autrement dit à une secte : « *On retrouve dans McDo et dans la scientologie deux figures de la régression qui semblent être des figures de la mondialisation. McDo est le laboratoire de l'alimentation du futur, et la scientologie celui du management du futur.* » Sur ce point, nous voudrions rendre hommage à une alliée inattendue, Françoise Giroud, qui s'est rangée à nos côtés dans *Le Nouvel Observateur* : « *Une grosse fièvre nationaliste antiaméricaine s'est déclarée, où l'on*

1. *Le Point*, juillet 2001.
2. *L'Humanité*, 9 septembre 1999.

mélange tout, les grandes surfaces, le boycott du roquefort, la mondialisation de l'économie, le transgénique, et où l'on finit par entendre José Bové, Zorro de la croisade, lancer ce mot inouï : " Les McDo et l'Eglise de scientologie, c'est la même chose ! " Cette mayonnaise-là relève de la " mauvaise bouffe " mentale, aussi pernicieuse que l'autre et que l'on nous sert à tous les repas. On se dit parfois ces temps-ci que la mondialisation la plus dangereuse, c'est celle, galopante, de la connerie humaine. Le reste, on s'en arrange toujours. » Merci, madame.

Concernant enfin la Confédération paysanne de José Bové, leader gaulois du même mouvement contestataire, elle protège d'abord ses intérêts. Et quand elle tire sur McDo parce qu'on veut « *faire crever les paysans* », elle se tire aussi une balle dans le pied. *Quid* des 48 000 éleveurs de bœufs, des 110 maraîchers, des 130 céréaliers, des 70 éleveurs de poulets, des 400 cultivateurs de pommes de terre et des 110 éleveurs de porcs français qui travaillent avec nous ? Comme le souligne le journaliste Richard Liscia [1] : « *Avec*

1. *Le Quotidien du médecin*, septembre 1999.

McDo, ils ont fait très fort : ils se sont attaqués à leur client. »

Et pour en finir avec l'« exploitation » de nos salariés, nous avons démontré dans les chapitres précédents qu'elle ne correspondait pas à la réalité. McDonald's ne se nourrit pas non plus de la misère humaine. L'implantation d'un McDonald's est toujours le signe pour le lieu qui l'accueille de croissance économique.

Fermer les McDonald's réduirait-il la misère dans le monde, et laisserait-il place à l'excellence dans nos assiettes ? On peut en douter. Et c'est sans doute un peu grâce à McDonald's que le jambon-beurre est remonté en qualité et redescendu en prix. Dans un article du *Monde* [1], les plus grands chefs français [2] le reconnaissent : « *On a les meilleurs pains du monde et les meilleurs produits à mettre dedans, mais on a loupé le coche. Trop de cafetiers ont signé leur*

1. 14 novembre 1999.

2. Michel Guérard, Alain Passart, Christian Conticini, Alain Ducasse, Bernard Loiseau, André Westermann, Georges Blanc, Alain Senderens, Paul Bocuse, Jean-Michel Lorrain, Jean Barbet.

perte en négligeant la qualité de l'accueil pour les jeunes, en facturant la menthe à l'eau ou le verre de lait (UHT !) aussi cher que le pastis ou en fourrant du jambon gorgé d'eau dans un pain approximatif... »

Depuis plus de dix ans, le temps des snack-bars, self-services anonymes, cantines et resto U est sur la pente descendante. Les snacks et les selfs sont reconvertis en enseignes, et les cantines et resto U, souvent de sinistre mémoire, sont de moins en moins fréquentés par les travailleurs (travailleuses), et les étudiants. La nouvelle restauration rapide leur a donné un appel d'air. Et McDonald's fut à l'origine de cet élan qui correspondait à l'évolution comportementale de la société.

Hommes, femmes, enfants revendiquant chacun sa part d'autonomie, autant dans le domaine du travail, du loisir, qu'au sein de la famille. L'homo sapiens serait-il en voie de dégrégarisation ? Cette apparente liberté d'agir en tant qu'individu, libre de choisir sa façon de s'habiller, de s'amuser, de manger... est en fait canalisée par des vendeurs de vêtements, de loisirs et de soupe. Avec une segmentation du marché de plus en plus fine, qui donne un sentiment de diversité, de variété et paradoxalement de produit unique, spécialement conçu pour Paul, Jacques, Hélène et Yasmina... même s'il est fabriqué à Taiwan.

Jacques Séguéla porte sur McDonald's un jugement intéressant : « *Tandis que le Coca-Cola symbolise la jeunesse, Marlboro la sérénité virile, Levi's la liberté et Nike le dépassement de soi, le Big Mac symbolise la famille. Ce hamburger n'a rien de plus que les autres sandwiches, et pourtant ses valeurs conviviales en ont fait une sorte d'hostie moderne.* » Amen. Soyons sérieux. Il est vrai qu'aujourd'hui, en dehors de leurs qualités gustatives et nutritives, ces petites nourritures d'appoint ont de plus en plus valeur de symbole.

Que reste-t-il du McDo pour les enfants, une fois avalé ? Le cadeau. Le produit alimentaire vient derrière l'accessoire qui l'accompagne, plus ludique. Manger serait-il devenu un jeu, parce que le produit alimentaire n'est plus assez intéressant ou goûteux pour se suffire à lui-même ? Quelle valeur réelle ont aujourd'hui les produits sur lesquels nous zappons en permanence ? Notre infidélité oblige à la variété.

Les offres se multiplient, la demande aussi. Il n'est pas rare d'entendre dans un hypermarché un client se plaindre « *qu'il n'y ait rien* » sous prétexte que son huile d'olive favorite soit en rupture de stock, et cela même s'il y en a quinze autres marques proposées dans le même rayon. C'est comme en amour, « *un seul être vous manque, et tout est dépeuplé* ».

« *On se nourrit bien mieux aujourd'hui qu'il y a quarante ans*, nous assure Michel Guérard, l'une des plus belles toques de France. *On trouvait alors 200 produits chez l'épicier du coin. Aujourd'hui il y en a peut-être 20 000 à l'hypermarché.* » Cette profusion ou cette démocratisation des aliments ne rend pas meilleur l'usage alimentaire que l'on en fait. Pire, elle aurait tendance à rendre le consommateur paresseux, lui offrant sur ses linéaires la cuisine et le cuisinier qui va avec. Et l'excellence n'est pas une affaire de quantité. Comme le souligne Jean-François Revel : « *Un cassoulet est sublime ou n'est pas* [1]. »

1. *Les Plats de saison*, *op. cit.*

Nous n'offrons pas de cassoulet, mais une certitude. En raison de notre stabilité dans nos choix et leur mise en œuvre, McDonald's reste un repère et une valeur sûre pour ceux qui craignent les enseignes sans néon, les bocaux sans étiquette, et se méfient des modes. Dulce est photographe, elle voyage dans le monde entier. « *J'aime bien manger au McDo quand je suis dans des pays lointains, en Chine ou au Japon par exemple. Je goûte la cuisine locale, mais parfois c'est très bon de retrouver un goût familier comme celui du Big Mac. Je déplore seulement qu'en Chine où je me rends souvent, les McDo ne soient pas bons, et je passe sur leur hygiène douteuse. Au Japon, ils sont OK. Mais je crois que ce sont les français les meilleurs.* » Opinion partagée par une famille normande, représentée par trois générations, familière du McDo, venue se restaurer dans le McDo des Champs-Elysées : « *Nous avons découvert McDonalds lors d'un voyage aux USA. Nous étions emballés. Mais de retour en France, nous avons constaté qu'ils étaient meilleurs ici. Nous, on aime McDo parce que c'est un produit sans mauvaise surprise. Le goût, la qualité et le prix sont connus d'avance.* »

Loin de prendre la place de ce qui existait, McDonald's en France a répondu à un besoin et occupé un espace vide dans le paysage alimentaire français. Me Tajan met en lumière une réalité qui a sans doute contribué au succès de McDonald's en France. Il s'étonne en effet, lors d'un voyage en Picardie, de n'avoir pu trouver à des kilomètres à la ronde une auberge ou même un bistrot qui accepte de le servir. « *Il n'était pourtant que quatorze heures* », écrit-il dans la lettre de *L'Optimiste* [1].

C'est au carrefour de deux routes, à la périphérie d'une ville, que le miracle se produit, un restaurant McDonald's lui apparaît, « *comme un mirage dans le désert gastronomique français* ». Désert, uniquement aux heures creuses, faut-il le préciser.

La nature a horreur du vide, et l'espace abandonné par des restaurateurs qui, pour des raisons évidentes de gestion, préfèrent fermer plutôt qu'ouvrir à perte, a été comblé par l'implantation de fast-foods qui ont choisi de vendre avant tout un service.

---

1. *Op. cit.*

Il est vrai aussi que la notion même de service est trop souvent assimilée en France à celle de servitude, ce qui n'est pas le cas dans la culture anglo-saxonne. Le service rendu à la population par le Cheeseburger n'apparaît pas comme une évidence pour le Français moyen. Quoique... Après sa propre expertise du McDo picard, Me Tajan n'est pas convaincu que le hamburger soit réellement l'archétype de la malbouffe, lui qui dit avoir rencontré, au gré de ses expertises et inventaires, la vraie malbouffe, bien de chez nous : « *Nos jambons de pays trop secs, trop salés qui vous remontent à la bouche, nos omelettes sèches comme des coups de trique...* » Attention aux leçons de gastronomie trop facilement données aux prétendus mauvais élèves de la casserole, semble-t-il conseiller.

Pour bien comprendre aussi la diabolisation de McDonald's, il faut considérer l'inquiétude que provoque l'ouverture d'un McDo chez les gestionnaires de cantines scolaires et d'entreprises, mais aussi chez les sandwichiers de tous bords dont la croissance a dépassé 20 % en 2000. Inquiétude injustifiée. Sept repas sur dix en France se prennent à la maison, et McDonald's ne représente que 3,2 % des trois repas pris hors foyer. « *Voilà le dragon américain plutôt proche du tigre de papier* », souligne avec humour le journaliste Richard Liscia [1].

Nous sommes présents dans plus de quatre cent soixante-dix villes, mais beaucoup ne sont toujours pas convaincus de notre caractère français. Pourtant, avec un comité de direction composé uniquement de Français, des matières premières, des employés français, nous devrions être considérés comme une entreprise française à part entière. Nous avons une origine et un nom américains, comme beaucoup de Français ont une origine et un nom espagnols, allemands, maghrébins, italiens, grecs... Et puis, allez dire aux deux cent cinquante franchisés français propriétaires des restaurants McDonald's de France qu'ils sont américains ! Eux qui sont nés ici, qui s'investissent dans leur ville comme n'importe quel chef d'entreprise, qui participent aux manifestations locales, qui apportent leur soutien aux associations de quartier, etc. Ils sont l'illustration parfaite de ce qu'est McDonald's : « *Né aux Etats-Unis, Made in France* ».

---

1. *Le Quotidien du médecin*, *op. cit.*

Laids, sales et méchants

Notre « look » cantoch' qui fut longtemps le porte-drapeau de l'enseigne et s'intégrait à l'ensemble urbain moderne des années 70 n'est plus de circonstance aujourd'hui. Place au design et à l'intégration sur site. Exit plastique, néons et murs blancs. Chaque restaurant doit dessiner derechef son architecture intérieure, identitaire et urbanistique. En faisant rentrer l'architecture chez McDonald's, nous lui avons redonné sa légitimité de restaurant. En outre, les Français sont soucieux de défendre leur patrimoine, même à travers une enseigne comme McDonald's. Allons-nous devenir monuments historiques ? Nous verrons dans cent ans.

Contrairement à son hamburger, la vitrine McDo ne se clone plus. Les clients d'aujourd'hui ont besoin de lieux insolites, dépaysants, variés, qui répondent à leurs humeurs, leurs envies, leurs besoins. Pour s'approprier un lieu, le consommateur doit s'y sentir à l'aise avec le sentiment de l'avoir choisi. Parce qu'il aime la musique, le sport, le multimédia, le cinéma... Parce que l'endroit est beau et sympa, tout simplement. Il n'a plus besoin d'être rassuré sur le produit, il le connaît. Il veut maintenant l'associer à un moment de détente, de rêve, de plaisir, de convivialité. L'enveloppe architecturale n'est pas qu'un simple enrobage de l'enseigne, parce qu'elle n'est plus au service de l'enseigne, mais du client. Nous déclinons des décors par thèmes, par saisons, par couleurs. Nous créons des espaces de vie pour les étudiants, les cybernautes, les sportifs, la famille, les amoureux du « five o'clock » grâce aux nouveaux McCafé, avec cookies et boissons chaudes à 1,52 euro dans une ambiance toute cosy. Où trouver aujourd'hui café, thé et chocolat à moins d'un euro, surtout sur les Champs-Elysées ? Marianne, une élégante attablée au McCafé des Galeries Lafayette à Paris avec ses petits-enfants, nous dit : « *Les grands magasins nous poussent à consommer, pas McDo. Moi je n'aime pas les hamburgers, mais j'adore leurs pâtisseries, et les enfants aussi. Ce salon de thé, c'est le seul endroit où l'on se fait plaisir en faisant des économies.* » Salon de thé ? Nous voilà embourgeoisés.

La diversité des lieux et de leur thématique a renforcé l'identité du produit lui-même. McDo est un produit moderne qui doit le rester. Et sa modernité doit s'inscrire dans son architecture. Ce sont les Français qui ont initié ce mouvement, et c'est en France que l'on trouve les plus beaux McDo du monde. Aujourd'hui, d'autres pays de l'Union européenne s'en inspirent, et même au-delà. Les Japonais utilisent le concept du McDo de Pigalle à Paris pour en ouvrir un à l'identique, mais sur quatre étages, à Kobé.

L'architecture n'était pas un fait culturel admis chez McDonald's : « *Imposer une nouvelle décoration, un habillage différent des restaurants n'était pas gagné d'avance* », avoue Sylvie Blanchet, l'une de nos architectes d'intérieur qui ont conçu la décoration des nouveaux restaurants. « *Il a fallu vaincre des a priori très ancrés dans les traditions McDo sur l'aspect sommaire " avantageux " du décor et de son environnement.* »

Jean Guérineau, franchisé d'un nouveau restaurant à Villenave-d'Ornon, dans la banlieue de Bordeaux, n'a pas hésité à investir plusieurs millions de francs pour faire construire la réplique du premier McDonald's mythique de Des Plaines, aux Etats-Unis, devenu aujourd'hui un musée. Décor des années 50, avec animation assurée. Les serveuses sont en patins à roulettes, et le juke-box crache du rock and roll. Sur la terrasse, une Cadillac rose qui attire les collectionneurs des vieilles américaines, et à l'intérieur la fontaine de Coca qui fascine les enfants. Pour la petite histoire, Jean Guérineau est un ancien ingénieur de la Sagem. Il travaillait sur des équipements de navigation classés secret défense pour l'aérospatiale. Propriétaire aujourd'hui de trois restaurants McDonald's, il ne regrette pas sa conversion dans la restauration rapide : « *Hier je travaillais à la conception de produits très chers et très limités pour très peu de clients, essentiellement l'Etat et Dassault. Aujourd'hui c'est l'inverse. Je vends en grande quantité et à de très nombreux clients un produit bon marché. La qualité étant leur seul vecteur commun.* »

Philippe Avanzi, l'un des principaux architectes travaillant sur les nouveaux projets, insiste cependant pour donner à l'enseigne une image générique plus allégée, moins chargée de symboles, pour en faire une entité animée, colorée et en mouvement, qui colle à l'image de son temps : « *Pas de ringardisme ou de nostalgie. Pas de retour au vison. Un concept qui joue sur l'aménagement des espaces, la lumière, le confort, les matériaux... Tout doit être à visibilité variable et modulable. Ces lieux sont davantage des modes de vie que des lieux à manger ou à boire. Ils traduisent l'air du temps, palpent les tendances. Nous ne construisons pas la pyramide du Louvre, nous accompagnons l'avenir juste avec un clin d'œil.* »

Une grande partie du nouveau mobilier McDo spécifique à l'enseigne a été réalisée par un jeune designer, Thierry d'Istria. Cette démarche était encore la meilleure façon de personnaliser l'enseigne française, comme le fit jadis Philippe Stark avec l'emblématique Café Costes des Halles.

Depuis les années 90, l'ensemble du tissu urbain s'est sensibilisé aux problèmes de l'environnement, sous la pression notamment des Verts, des associations de riverains, qui désirent à juste titre protéger et valoriser notre patrimoine culturel. Nous sommes les seuls en France aujourd'hui chez McDonald's à inscrire l'architecture dans le nouveau cahier des charges des franchisés.

Matériaux nobles, architecture designée, lignes claires, couleurs chaudes, McDo réinvestit aussi la vieille pierre abandonnée. L'enseigne s'installe dans la vieille gare de Gennevilliers ; suit la ligne Art déco d'un ancien bâtiment à Saint-Raphaël ; se niche sous les colombages d'une maison traditionnelle du Moyen Age à Paris.

Quant aux anciens restaurants, ils sont rénovés. McDo s'est engagé grand train sur la voie de la réhabilitation.

Ivan Tiberghien, franchisé de cinq restaurants dans l'agglomération grenobloise, a relooké une partie de ses anciens restaurants sur le thème de la montagne et de l'Amérique, et s'apprête à en construire un nouveau dans un esprit tout à fait original. « *J'ai toujours poussé à la décoration des enseignes. Il faut que chaque restaurant ait un caractère propre. Le paradoxe du mondialisme, même pour ceux qui s'en réclament, c'est qu'il a renforcé les identités et les individua-*

lismes. Ce " relookage " a ouvert ma clientèle, et augmenté la fréquence de ses visites. Car au besoin de se restaurer s'est ajoutée la notion de plaisir. Le McDo n'est plus seulement un lieu de passage. »

Aujourd'hui, notre légitimité à s'implanter est totale dans les sites commerciaux. Dans les agglomérations de petite et moyenne taille, mais aussi les banlieues, les municipalités sont demandeuses. Les jeunes réclament leur McDo. Nous sommes pourvoyeurs de taxes, d'emplois, de propreté, de sécurité, de vie et de stabilisation dans certains quartiers désertés ou retranchés dans des zones dites de non-droit. La province s'offre l'Amérique. Pour M. Pintaux, le nouveau maire de Pithiviers, et son équipe municipale qui vient d'accueillir un restaurant McDonald's sur sa commune : « *Avoir un McDo chez nous, petite ville de 10 000 habitants, c'est une chance formidable qui donne un nouveau souffle à l'économie locale, et dont nous ressentons déjà les effets. D'autres enseignes ont demandé à s'installer près du site qui se situe aux abords d'un centre commercial. Les jeunes nous réclamaient un McDo, et la population est ravie. Seul le Syndicat des restaurateurs et hôteliers du Loiret m'a formulé par écrit leur réserve. Mais comme ils ne drainent pas la même clientèle, je ne vois pas quel risque représente McDo pour eux. Et ce McDo c'est aussi 40 emplois assurés pour les jeunes qui habitent sur place.* »

Notre implantation est plus difficile à l'intérieur des grands centres urbains à caractère traditionnel, et notamment à Paris. Force du patrimoine oblige. Notre objectif n'est pas de faire de l'entrisme, mais de travailler en partenariat avec les municipalités et les associations de riverains, comme nous l'avons fait avec le restaurant des Gobelins, dans le 13e arrondissement. Un quartier tendance *bobo* en voie de réhabilitation patrimoniale, qui compte beaucoup d'enseignants et de chercheurs dans son enceinte. Jean-Pascal Renaudet, président du « Comité des quartiers Mouffetard et des bords de Seine », raconte : « *Nous ne voulions pas d'une enseigne comme McDo ou Quick qui donne une mauvaise image au quartier avec son lot de nuisances, et qui attire une population que nous ne voulions pas voir dans nos murs. Alors nous leur avons soumis un protocole tripartite en accord avec l'ancien maire Jacques Toubon, qu'ils ont respecté point par point. Sur la sécurité, la neutralisation des nuisances, la discrétion de la signalétique, la décoration extérieure et intérieure, etc. Nous n'avons pas fait de cette affaire un enjeu politique, même si certains ont voulu récupérer le bébé à des fins partisanes. Nous leur avons coupé l'herbe sous les pieds. Aujourd'hui McDo est parfaitement intégré à l'environnement et les riverains ne s'en plaignent pas.* »

Jacques Toubon reconnaît volontiers qu'il est plus facile de discuter des modalités d'une implantation avec une enseigne à large visibilité qu'avec un commerçant qui ne représente que lui-même. « *McDonalds a les moyens financiers et l'expérience nécessaires pour savoir que sa survie en milieu citadin dépend aussi de son adaptation aux évolutions urbaines et aux demandes des riverains, d'un arrondissement, voire d'un quartier.* »

Il arrive quelquefois que nous devions faire marche arrière, quand les sites sont trop marqués par leur identité ou leur histoire. Ce fut le cas de la rue des Rosiers, à Paris, dans le Marais en plein quartier juif, à deux pas du restaurant Goldenberg. Riverains, élus, commerçants se sont tous levés comme un seul homme pour faire barrage à notre implantation. Nous étions la honte, le scandale, la lie : « *Qu'on ait pu concevoir d'installer un McDo rue des Rosiers est un véritable mépris pour les individus qui ont eu souvent une histoire très douloureuse et exigent que ce lieu garde qualité et respect* », a déclaré Dominique Bertinotti, conseillère socialiste de l'arrondissement. Chez Jo Goldenberg on renchérit : « *Nous voulions éviter l'apparition de jeunes banlieusards désœuvrés.* » Pour une commerçante du coin : « *Il s'agissait de protéger l'âme de notre quartier.* » Et selon Nicolas Secondi, trésorier de l'association du quartier des Rosiers : « *Nous craignions les problèmes de détritus* [1]. »

Ironiques, deux journalistes de *L'Express* [2] concluaient sur cette affaire : « *Bizarrement, les plus religieux restent en dehors du débat. Ils mènent un autre combat, contre l'extension du*

1. *L'Hôtellerie*, 22 juin 2000.
2. *L'Express*, 15 juin 2000.

quartier gay limitrophe. Et ils bénissent à leur façon ce fast-food qui les protège probablement d'une boîte homosexuelle. »

Le hamburger n'était pas perdu pour tous. Sur le devant de l'épicerie Kosher Market, au numéro 4, un panneau indiquait : « Produits casher des USA : sauce barbecue, sauce chinoise aigre-douce, et sauce spéciale pour hamburgers. »

Au cœur de l'enfance

Nous sommes très peu enclins à communiquer sur notre Fondation dont la vocation est d'aider les enfants et les jeunes en difficulté. Les bonnes actions ne s'affichent pas, elles se font. Et lorsqu'on en parle, c'est pour sensibiliser l'opinion sur ce problème, notamment sur celui des enfants malades.

Le fer de lance de notre Fondation, ce sont les Maisons Ronald McDonald qui accueillent les familles des enfants malades ainsi que les jeunes patients en soins de jour avec leurs parents. En France, la première Maison a vu le jour en septembre 1991 à Villejuif, au pied de l'Institut Gustave-Roussy, dans la plus grande discrétion.

L'apport privé dans le secteur public, surtout dans le domaine sensible de la santé, est parfois jugé suspect. Pourtant, les entreprises privées qui s'inscrivent dans ce type d'action ne le font pas pour se faire de la publicité et peuvent se révéler des partenaires efficaces en apportant une aide généreuse dépourvue d'arrière-pensées commerciales.

Les Maisons Ronald McDonald ont le mérite d'apporter un peu de réconfort, par la qualité de leur accueil et de leur environnement, aux familles qui ont le triste privilège d'y séjourner. Nous leur offrons ce que l'Assistance publique ne peut pas, pour des raisons évidentes de coût, leur donner, un véritable confort et une assistance matérielle de proximité avec l'hôpital dans un cadre agréable et de convivialité.

La Maison Ronald McDonald de Villejuif a été construite sur l'initiative du Pr Jean Lemerle, sous-directeur de l'Institut Gustave-Roussy : « *Elle a le génie des idées simples* », résume-t-il. Le Pr Lemerle est un grand personnage. Un visionnaire qui ne mâche pas ses mots. Depuis seulement quelques mois à la retraite, mais une retraite active, car il s'occupe d'une association franco-africaine pour les enfants malades du sida, il fut pendant vingt-cinq ans, à l'Institut Gustave-Roussy de Villejuif, chef de service du centre d'oncologie pédiatrique, qui traite exclusivement les tumeurs solides. C'est également un centre de recherches et d'expérimentations où sont mis en place de nombreux protocoles.

Le Pr Lemerle fut le premier en France à considérer le malade en général, et l'enfant en particulier, dans sa globalité. Il ne traitait pas des cas, mais des êtres humains. Il a fait une chose remarquable au sein de son département, il y a fait entrer la vie : les jeux, la lecture, l'école, les beaux-arts, les clowns, le sport et les sportifs, le multimédia, etc., et les parents. Les parents n'étaient plus considérés comme persona non grata, gêneurs patentés et malheureux. Une première petite structure hôtelière à l'intérieur du service a permis de les accueillir pour qu'ils puissent rester près de leurs enfants. En raison de la spécificité de ses traitements, le service d'oncologie pédiatrique reçoit des patients venus de toute la France et d'ailleurs.

Malgré la gravité de la maladie, le service de pédiatrie, occupé par trente-cinq lits, est devenu un centre d'activité intense. Il n'est pas rare de croiser un adolescent en rollers suivi par ses parents qui courent derrière lui en tenant sa perfusion, un chenapan qui tire sur tout le personnel avec son pistolet à l'eau, des forums de discussion sur le rap...

Il manquait néanmoins une unité supplémentaire de lits pour accueillir les parents des enfants malades et les enfants en soins ambulatoires venus de province ou de l'étranger. Le Pr Lemerle avait entendu parler des cent quarante Maisons Ronald McDonald qui existent depuis 1974, et sont implantées dans onze pays (Etats-Unis, Canada, Australie, Angleterre, Allemagne, Autriche, Hollande, Nouvelle-Zélande, Suisse, Suède et France), et il a demandé qu'il s'en construise une à Villejuif : « *Quand nous avons ouvert la première Maison Ronald à Villejuif, aucun élu n'était présent pour l'inauguration. Ils croyaient qu'on ouvrait un restaurant. Quand Magic Johnson, avec son équipe des Lakers, est venu visiter les enfants malades à Villejuif lors du trophée McDonald's de basket qui se déroulait à Paris, les caméras se sont détournées " pour ne pas faire de la pub à McDo ". Les temps ont changé, mais il reste beaucoup à faire.* »

Le concept des Maisons Ronald McDonald est une entité à trois branches qui fonctionne en partenariat : une association de parents, un hôpital et les restaurants McDonald's. Une synergie parfaite, très stimulante, où chaque partenaire est directement impliqué dans le fonctionnement de la Maison et participe à l'organisation de collectes de fonds et d'informations auprès du public. A Villejuif, l'Institut Gustave-Roussy, l'association Isis [1] et l'ensemble des restaurants McDonald's français forment une équipe structurée en association à but non lucratif gérée par la loi de 1901, et baptisée « Une Maison au cœur de la vie ».

La Fondation prend en charge plus de 80 % des frais de la construction (en moyenne 10 millions de francs) et du fonctionnement (2 millions de francs), grâce à des actions de collecte de fonds mises en œuvre par les Maisons elles-mêmes et les restaurants McDonald's, ainsi qu'un engagement personnel et financier de chacun des franchisés. Une fois par an, l'ensemble des restaurants McDonald's organise la journée « Big Mac Don » où les franchisés reversent à la Fondation dix francs par Big Mac vendu pour

1. Association des parents et amis des enfants traités à l'Institut Gustave-Roussy.

les Maisons Ronald. Pour Alain Réal, franchisé de Senlis et président de l'association « Au cœur de la vie » : « *Il est très important pour les franchisés de s'engager dans les actions de mécénat de l'enseigne et de s'impliquer dans la vie associative. C'est notre quote-part de participation à la société civile.* » C'est aussi une façon de remercier ceux qui nous ont aidés à grandir et à prospérer. Nous leur sommes redevables de notre succès.

Le reste du financement est assuré par Isis et par l'association gestionnaire de la Maison, ainsi que par des dons spontanés, financiers ou en nature, d'entreprises ou de particuliers. Avec des couacs : « *Certains n'aiment pas voir leur nom adossé à celui de McDonald's. Mais nous avons aussi de très généreux donateurs, à titre privé ou collégial, dont la seule préoccupation est d'aider les familles en détresse.* »

Le prix d'une chambre, par nuit et par famille, est de huit euros, avec la possibilité d'y héberger ses proches pour un prix égal. Une directrice, une secrétaire, une femme de ménage et quinze bénévoles en assurent le fonctionnement. Pour Marie-Christine Bois, responsable de la maison de Villejuif depuis son ouverture : « *C'est avant tout un lieu de partage et d'émotion pure et sincère. L'expression brute de la vie. Ici on ne triche pas. Les familles se sentent chez elles. Elles évoluent en toute liberté dans un cadre de vie familial et domestique qui leur permet de se ressourcer, de prendre un second souffle. C'est une maison refuge, mais où chacun doit se prendre en charge : préparation des repas, entretien du linge. Nous leur offrons aussi des animations, des activités de relaxation, ludique ou culturelle. Nous sommes toujours très attentifs à leurs besoins, parents et enfants. Récemment, nous avons aménagé des chambres individuelles et un espace spécialement réservés aux adolescents pour qu'ils puissent garder leur indépendance au sein de la structure ainsi qu'auprès de leurs parents. »*

« Ici, ce qui est extraordinaire, assure Mme Soleillant de Nice, maman de Quentin, deux ans, c'est qu'il n'existe plus aucune barrière sociale, ni de langue, ni de race. On se comprend tous, et nous sommes tous très proches. Il existe entre nous une forte solidarité, ça nous aide à tenir. Et puis ça nous permet d'être complètement disponible pour notre enfant. »

« Il m'est arrivé, raconte Marie-Christine

Bois, de voir un papa qui se disait raciste accompagner dans sa souffrance un Zaïrois totalement perdu avec son fils de cinq ans. Ils sont restés collés l'un à l'autre jusqu'à la fin. L'autre miracle, c'est celui de la langue. Récemment un couple de Portugais avec leur fille ont appris notre langue en quinze jours. Ici on fonctionne sur l'urgence, on réapprend la hiérarchie des valeurs. Pour eux c'est une question de vie ou de mort. »

Deux autres Maisons Ronald McDonald ont été construites avec des critères architecturaux et des aménagements différents, qui évoluent avec le temps et s'adaptent au milieu environnant. L'une est à Marseille, « Soleil au cœur », à l'hôpital de la Timone-enfants, et l'autre à Bordeaux, « Parents, enfants, soleil », au CHU Pélegrin. Bordeaux, où le maire Alain Juppé, qui ne connaissait pas notre action dans le mécénat, nous a gratifiés d'un commentaire élogieux lorsque nous avons posé la première pierre de la Maison : « *Je trouve très bien qu'une entreprise privée, dont l'image est plutôt la productivité et le profit, ait aussi une dimension humaine de générosité, disons, et de ser-*

vice public, c'est bien. » Ce dernier bâtiment a vu le jour grâce à l'engagement et la pugnacité d'un franchisé de Bordeaux, Francis Luttmann, et des autres franchisés de la région : « *Arrivé à l'âge de la retraite, c'était pour moi la plus belle porte de sortie, et une façon de rendre un peu aux gens tout ce qu'ils m'ont apporté pendant près de vingt ans.* »

L'action de mécénat ne concerne pas les seules Maisons Ronald. Beaucoup de nos franchisés s'impliquent dans des projets associatifs de proximité que nous aidons. Nous retenons environ une trentaine de projets par an. Notre seul critère est que les projets que nous subventionnons viennent en aide aux enfants. Maintien des liens enfants-parents de prisonniers ou de toxicomanes, jeunes handicapés, enfants en difficulté scolaire ou familiale. Nous intervenons aussi dans les domaines culturels, de la santé, du loisir et du social. Mais nous sommes surtout très engagés avec les associations qui travaillent dans les quartiers défavorisés ou sensibles où nous sommes largement implantés.

Gérard Touilloux est un franchisé qui possède

plusieurs restaurants dans la périphérie lyonnaise. Il fait partie des acteurs sociaux impliqués dans l'insertion des jeunes en très grande difficulté. De 1998 à 1999, certains de ses restaurants ont fait l'objet de braquages, d'actes de vandalisme et d'incivilités systématiques. « *Nous avons perdu des salariés, issus pourtant de ces mêmes quartiers, qui en avaient marre de l'insécurité permanente dans laquelle ils vivaient. Coups, insultes, peur. C'est très traumatisant. Nous avons mis en place un système de caméras, enlevé l'argent des caisses au maxima, et porté plainte systématiquement à chaque déprédation, vol ou agression verbale. Mais surtout nous nous sommes impliqués dans l'association Sport dans la ville qui propose aux enfants, avec le parrainage d'organismes reconnus au niveau national, la pratique du foot, du basket ou de l'escalade. Ils sont initiés par des moniteurs professionnels et encadrés par de jeunes animateurs au parcours difficile qui désirent s'intégrer dans la société civile. Nous nous engageons avec d'autres grandes enseignes, comme Carrefour, à les embaucher en leur permettant de se libérer les mercredis et samedis matin pour accompagner les enfants sur les stades ou sur le mur de varappe. Jusqu'à présent cette politique a porté ses fruits. Nos jeunes salariés-animateurs se sont réinsérés, en trouvant leur voie chez nous ou dans une autre direction. Et les actes de violence perpétrés contre l'enseigne ont cessé.* »

La vie est facétieuse et réserve son lot de surprises. La présidente de l'association Bouton d'Or, Rolande Mathorel, qui vient en aide aux enfants en difficulté scolaire, habite la petite ville de Saint-Affrique, dans le sud de l'Aveyron, à deux pas de Millau. A la recherche sur l'Internet d'une aide pour aménager une bibliothèque pour enfants dans le local que lui prête la mairie, elle tombe sur une déclaration insultante de la Confédération paysanne qui, après la malbouffe, nous accuse de faire de la « maléducation » auprès des enfants, *via* le biais de notre Fondation. Une Fondation McDo ? Mme Mathorel s'adresse à M. Dehani, notre franchisé de Millau et Rodez, pour nous transmettre son dossier, refusé aux conseils général et régional qui préfèrent encourager les initiatives sportives. « *L'illettrisme va grandissant. L'institution scolaire avec laquelle nous tra-*

vaillons en partenariat ne peut pas tout prendre en charge. Beaucoup de jeunes, enfants et adolescents issus de familles défavorisées ou de l'immigration, savent à peine s'exprimer, et pas du tout écrire. La phrase : sujet, verbe, complément est aussi absconse pour eux que le mystère de la Sainte Trinité pour nous. Pourtant ces jeunes sont friands d'apprendre. Ils nous empruntent des livres qu'ils rapportent toujours consciencieusement pour en reprendre d'autres. L'aménagement de cette bibliothèque était donc une nécessité à laquelle la Fondation McDonald a répondu favorablement. Tant pis pour la " maléducation ". Le jour de l'inauguration, j'inviterai José Bové, en voisin. »

Une petite fin

Arrivé à la fin de ce livre, il est facile de comprendre le paradoxe auquel McDonald's se heurte. D'un côté, une marque dont l'attachement et le succès commercial sont reconnus par tous, et, de l'autre, une enseigne sévèrement critiquée et peut-être pas toujours critiquable.

En tout cas, nous ne voulons être ni dieu ni diable, mais seulement une grande entreprise française qui commercialise une marque d'origine américaine. Cela nous condamne-t-il à être éternellement accusés d'avoir tous les défauts de l'Oncle Sam ? Nous ne le croyons pas. Rien ne nous oblige à travailler chez McDonald's. Il en est de même pour nos franchisés qui ont décidé d'investir leur argent et leur travail dans cette marque. Rien ne les y oblige. C'est notre choix, c'est leur choix.

Nous sommes exposés comme toute entreprise aux problèmes de société, aux problèmes de mutation, aux problèmes d'emploi. C'est dans ce contexte que nous devons savoir faire aimer cette enseigne au-delà des préjugés, des raccourcis, des intérêts partisans. Nous ne devons pas nous abriter derrière notre lot de difficultés. Bien au contraire, ces difficultés doivent nous imposer originalité, persistance et modestie.

McDonald's doit devenir respectable.

L'équipe que nous formons doit faire aimer cette enseigne. Elle devra casser les préjugés mais aussi corriger les erreurs. Elle devra être modeste mais aussi énergique. Elle devra également aider à mieux faire connaître ses qualités.

Ce livre est sûrement un début de réponse. En tout cas, c'est à ce prix que notre entreprise deviendra une grande enseigne française.

Table

Cet ouvrage a été composé par
Graphic Hainaut (59163 Condé-sur-l'Escaut)
et imprimé par la Société Nouvelle Firmin-Didot
Mesnil-sur-l'Estrée
pour le compte des éditions Plon
Achevé d'imprimer en mars 2002

Imprimé en France
Dépôt légal : mars 2002
N° d'édition : 13475 - N° d'impression : 58813